读书
文丛

陈彩虹

在高山和天空之间

图书在版编目（CIP）数据

在高山和天空之间／陈彩虹著. —北京：生活·读书·
新知三联书店，2019.2
（读书文丛）
ISBN 978－7－108－06276－5

Ⅰ.①在… Ⅱ.①陈… Ⅲ.①经济学－文集
Ⅳ.① F0-53

中国版本图书馆 CIP 数据核字（2018）第 069802 号

责任编辑　李学平
装帧设计　薛　宇
责任印制　宋　家
出版发行　生活·讀書·新知 三联书店
　　　　　（北京市东城区美术馆东街 22 号 100010）
网　　址　www.sdxjpc.com
经　　销　新华书店
制　　作　北京金舵手世纪图文设计有限公司
印　　刷　北京市松源印刷有限公司
版　　次　2019 年 2 月北京第 1 版
　　　　　2019 年 2 月北京第 1 次印刷
开　　本　880 毫米 × 1092 毫米　1/32　印张 8.25
字　　数　157 千字
印　　数　0,001－5,000 册
定　　价　36.00 元
（印装查询：01064002715；邮购查询：01084010542）

目 录

2

自　序

这部文集，收录了我的十八篇文章。从时间上看，大部分文章是近年写作和发表的，少量几篇成文稍早些，考虑仍不违时，略加修改后列入其中。从内容上看，主题有些分散，第四次产业革命、经济学、经济生活，以及人与社会，都有涉及。在给书命名时，我就颇有几分犯难，选择现在这个书名，怕也是概括不了这里多元的言说。好在所有文章，均较充分地展示了我看、我思、我想，从"我"的视角展开来，就可以得到所有文章共有的"主线"。

出于阅读方便考虑，我将文章分为四个小小的集合，大致有一个主题性的归拢。自然，这绝对算不得是严格的分类。

既然"我"是文集的主线，干脆，在这个序里，我就讲一讲"我"。在内心深处，我是涌动有"小目标"的。拿"我"来讨论一番，是想将自己写进这些文字里的基础理念、逻辑共性和生活主张，完全地晾晒出来。当读完这个序时，读者若是清楚了我所晾晒的东西，那么，后面的文章为什么会有如此的选题，又为什么会有如此的观点，还为什么会有如此的行文走向，也就迎刃而解。这恰如长江顺水行船，出了三峡，便是一马平川。

"我"，在世界各种各样的语言中，应当是使用最频繁的词，也是非常有意思的词。在日常生活中，我们频繁地在使用"我"，却很少有人对这个词本身去深入思考。在科学研究和思想领域，情况大不一样。从古到今，中西学家们都对"我"特别是"我是谁"之类的问题，大有"打破砂锅璺（问）到底"的探究。

西方学者将"我"分为"主我"和"宾我"。"主我"，是指人作为主体，积极地去知觉和思考的那部分；"宾我"，则是指人作为客体，被注意、被思考或被知觉的存在。通俗地讲，"主我"就是我看外界时的状态——"这里的秋景真美"，这可是我主动看出来的，此时之我，当然是"主我"；"宾我"是外界看我后的评说——"张三是位学者"，如果这里的"张三"正好就是在下，我就被外界"宾"成了"学者"。就是在这样"主我"和"宾我"的基础上，西学展开了方方面面的理论学说。

中国学者也有类似的分类和思考。例如，"我看物，我看我，物看我，物看物"之说，这颇有几分文字游戏味道的汉字排列，实则分离开了作为主体的"我"和作为客体的"我"。中国思想偏向关注现实社会生活，既重视人在现实社会生活中主动去认识世界（认识论），又追求人在现实社会生活中达到某种理想境界（价值观），因此，中国思想是以"主我"为核心的,"宾我"只是在对"主我"做相对应的衬托时而存在。为何这样说呢?

"我看物",就是"主我"在认识外部世界,而"我看我",便是"主我"在认识自己这个"宾我"了。"物看我"呢?不要以为,这里的"我"处在被看的"宾我"位置上,就弱化了"主我"的大位,由于"物"并不具有人类的知觉和思考能力,"物看我"实际上是从物的视角,由人作为"主我"推测地来对"宾我"进行评说,仍然还在"我看我"的大范围之内。换言之,这是"主我"借助于"物"的位置来评说"宾我"。如此说来,"我看物""我看我"和"物看我",其实都是重于"主我"的。

至于"物看物",这是一种中国思想追求的最高境界。在这既无"主我"又无"宾我"的格局里,只有"物"的存在,那就是"无我之境"。中国思想的奇妙之处在于,这里的"看",还是从人这个"主我"发出的,还是借"物"之位来看外部世界,却不再带有"主我"的个人主观意志,看到的也就只是自然而然之"物"的存在,没有任何社会历史环境附加上的特殊成分。显然,这就是一种纯然客观的境界。

在认识外部世界的过程中,如果"主我"能够不加任何主观色彩地去"看"外界,如同"物"去"看"一样,那将获取绝对客观的知识,或者说将获取真理,那是人的认识论的最高境界;如果"主我"能够将自己排除在外去追求大善、大美,无贪、无嗔、无痴,即是全然"无我",

如同"物"中之"水"一样，"利万物而不争"，那将是人的生存价值观的最高境界。可见，就在这"物看物"里，隐含着中国思想关于认识论和价值观极为丰富又深刻的内容。

现在，我们回到本文集的"主线"，也就是本书作者这个特殊的"主我"身上来。

这里的十八篇文章，都在"我看、我思、我想"的大麾之下，主要内容无外乎"认识外部世界"和"生存价值追求"两大分区。由"主我"出发，我努力去追求认识外部世界和自我价值实现的最高境界，"大真、大善、大美"，对于我，具有超乎寻常的吸引力，无时无刻不在牵引着我向前，尽管那个极致的"真善美"目标，提供给我的仅仅是一个方向，那就是"物看物"的终极处，遥不可及，但可以无限地去靠近、再靠近——正是在这样的追求之中，我获得了点点滴滴的"真善美"。当我将这些获得凝结为文字时，我内心的希望是，更多的人，在认识世界和价值追求中，有同样"真善美"的获得，甚至是更多、更大、更高的"真善美"的获得。

在现实的世界里，并不存在绝对的事物或是绝对的人，比如说，绝对的好或绝对的坏，绝对地精确或绝对地模糊等，我们都是看不到的；但在人的头脑里，即在"主我"的深层意识里，普遍地存在"绝对性"的认知和判断基因，这就是"我看物"和"我看我"时的主观意志，它使得人们经常"绝对化"地去看待外部事物和人，并通过语言或文字表达出来。相信我们都很熟悉这样的情况：赞成一种观点便完全不讲它的不足，反对一种观点便彻底不讲它的长处；歌颂就一定完美无缺，批判则必须一无是处。基于此，即便是高度警醒的智者，也难免不时掉入"绝对化"认知和判断的陷阱之中。我要宣明的是，这部文集所有的文章，我力求的是"非绝对化"的世界观，但字里行间，是不是仍然有"绝对性基因"的流露，自当由读者的"主我"来评议了。

总的来说，源起于"大真、大善、大美"的导向，秉持"主我"对外部世界和人"不绝对"或"不走极端"的整体把握，我将所看、所思、所想，摆布在虚实之间，来去于有无之境，或动或静，时快时缓，在适度中张扬，在拓展中均衡，以"我看物""我看我"和"物看我"为轴，始终朝着"物看物"的"无我"方向运动。就这样，我在认知中延伸思考，在思考中获取智慧，在智慧里给出定论，最后达到某种内心的喜悦。应当说，文集中的每篇文章，大体都有如此完整的思想线路。

这部文集有三个围绕"主我"梳理出来的"要点"，值得在此多费些笔墨。

首先，这部文集的基础理念是"中庸"。中国思想的精髓"中庸"，其要领是不偏不倚，不绝对化，不极端化，认定"偏"和"倚"必定带来事物性质的变化。"物极必反"就是"中庸"理念的反面佐证，它与西学思想中的"度"，大有相当程度的契合。在我所看到的现实世界里，中间道路、左右兼顾、多方平衡、温和圆融等的非极端性安排，常常是事情顺畅展开并达到目标的有效选择；在我所思、所想的思维世界中，我发现许多"绝对化""极端化"的思想建设起来的城堡，大多留有致命的缺陷，因而不堪一击；而那些综合了各种理念，甚至在彼此对立的思想中获取了积极元素的学说，具有强大的生命力，可以抗拒来自多方的攻击。辨析开来，在我内心深处的起源性思维，显然是"中庸"的，所有的文字全都铺开在"中庸之道"上。

其次，每篇文章都非常在乎内在逻辑的完整和一致性。我笃信，思想性文章质地的优劣，取决于逻辑是否完整，取决于逻辑是否具有高度的一致性。当你读完一篇文章时，段落消隐了，文字退去了，如果头脑里留下了你确信的某个观点，或是留下了你怀疑却会继续去思考的某个结论，那么，文章逻辑的完整和一致性的力量就显现了。当年，马克思在《资本论》中，循从劳动创造的剩余价值被资本剥夺的主线，以逻辑的完整和一致性，得出了剩余价值必须回归劳动者的惊天之论，喊出了"剥夺剥夺者"的制度变革口号。这位逻辑巨匠的历史经典，让后来思考者无不高举逻辑的大旗，在发现自然界和人类社会的奥妙后，逻辑严密地讲述出来，转化成人们认识世界的利器，推动人们改造世界的实践。对于逻辑力量的敬重，我努力地将全部的文字推入逻辑的轨道。或者可以说，就"主我"的写作意志而言，文集里的文字没有在逻辑之外的。

第三，文集中关于现实生活的见解，结合了理论的逻辑，但更多是源自生活的智慧，或者说是生活的逻辑。生活总是历史的、具体的、特殊的，而理论大多是超然的、综合的、一般的。生活逻辑和理论逻辑的不同，在于后者可以列出清晰的约束条件，去寻求终极的"最优解"；前者却无法理清究竟有多少约束条件，寻求"解"的过程，绝大多数情况下，是"试错"的过程，最后得到的"解"，当然地具有不确定性。所谓生活逻辑，"主我"认为，就是在约束条件不可能完全清楚的情况下，以"灵活变化"的思维，根据适时掌握的约束条件，采取不同的应对策略去寻求"相对优的解"的过程。理论逻辑的实践意义在于，它提供了一种确定的从约束条件到"解"的思维方法，有助于人们形成和强化逻辑思维，在实践中较快、较优地梳理约束条件，提升寻求"相对优解"的效率。很清楚，最理想的格局，莫过于理论逻辑和生活逻辑的统一，一旦现实生活遇到问题，你只需简单地套用理论就可以找到"最优解"。遗憾的是，现实生活中几乎找不到这样"统一"的时候。因此，关于现实生活的见解，需要结合理论逻辑，但必须超越理论逻辑，必须运用生活逻辑或智慧。我特别欣赏歌德的那句名言："理论是灰色的，而生活之树常青。"要知道，现实生活总是存在超越理论逻辑一般性的丰富的特殊性。

说到这里，我想解释一下文集之名。取用"在高山和天空之间"这一名字，"主我"并不是想用它来概述文集的主题，而是想体现出每篇文章对"有限和无限之间关系"的认知与理解——我思想的基础理念是"中庸"，而思维的方式是游走在"有限和无限"之间的，总是试图从"有限"看"无限"，或是反过来从"无限"看"有限"。高山再高也是有限的，天空则无边无际；生命是有限的，对生命价值的探索是无限的；地球上的黄金储量是有限的，人类想象出来的"货币"完全可以无限。一言以蔽之，我们看到的一切都是有限的，但我们可以越过所有的边界，透过思维的神奇，让眼界伸展到没有尽头的远方。有句英语名言说，There will be obstacles. There will be doubters. There will be mistakes. But with hard work, there are no limits。我的解译为："障碍限，疑者限，失误限，若尽释能量，何限之有？"我想，读者若从"有限和无限"的视角来看这小小的文集，或许容易读出些意味来。

有朋友读过我的文字，认为有一定的思想深度，但读起来颇有些辛苦，因为时常要在一个句子、一段文字后停顿下来，重读一遍，思考良久。是不是可以将文字写得更通俗些，通俗到一眼看过去，就完全明了而无须回头？

我非常理解这些朋友的感受，也竭力做过文字通俗的许多尝试。不过，我不大认可"思想深度""文字通俗"和"阅读辛苦"之间的简单关联，因为思想类的文字就是写得再通俗，若有"深度"令人回味和思考，也会带来停顿和重读的"辛苦"。是的，思想类的文字，"思想深度"和"文字通俗"的兼备是最佳的境界，达到了这种境界，阅读起来，文字或许令你轻松愉悦，思想却必定让你深沉。在我看来，只有在一些文字前面停留、思考，回头还要再看看，甚至留下阅读的评说，那才是好的思想作品。我是怀揣这样的要求来写作的，一字、一句、一段，到整篇文章。

陈彩虹

2017 年 12 月 8 日　星期五

修改完稿于北京城区日月斋

在无知中迎来第四次工业革命

- 人们惊讶、感叹并享受技术进步和功能扩展时，却真不知道，如此"颠覆"的，只是从桌子上拿起话机，改变成从口袋里掏出那个精巧玩意儿，还是人类的生存方式将出现断崖式变化。
- 作为"自然人"的整体，我们现在像是温水煮锅中的青蛙。

看科幻电影，时常会有些紧张和恐惧感。相对于变幻莫测的外部世界，人很渺小，无法掌控，陡然就会陷入无助情绪之中。这如同小时候和小伙伴围观蚂蚁窝，我们就是外部巨大的世界，蚂蚁如果有人一样的感觉，也一定会紧张和恐惧。好在我们走出"科幻之境"并不困难，出了电影院，眼前车水马龙，即刻就会将我们带回当下——该吃就吃，该喝还喝。

但是，当我读完世界经济论坛创始人克劳斯·施瓦布教授的《第四次工业革命》时，紧张感和恐惧感，一直消除不了。面对这次横跨物理、数字和生物诸多领域的"集成式"工业革命，速度、广度和深度无从掌握，其对人类社会的影响，目前无法预料。福兮？祸兮？

究竟什么让我们紧张？

迄今为止，人类社会经历了三次工业革命，分别以机械生产、电力和生产流水线、计算机为代表。现正处在第四次工业革命的进程之中。按照施瓦布的说法，这次工业革命的本质，完全不同于前几次。它不是某个方面的进步，而是横跨了诸多领域，不同技术可以贯通起来，随心所欲地制造出时空无限的产品。就此来看，这次工业革命要找出某个代表物，如机器人、量子计算、DNA编辑重组物等，恐怕会十分困难，"集成式"革命带来的成果，实在是太多、太广还太神奇。

不过，回看前三次工业革命，并就眼前革命的成果来看，不难发现一个共同点，那就是"机器替代人"。当然，这里的"机器"需要做广义理解，它们不只是单个的人造物理实体，还包括互联网、虚拟平台，以及人类创造出来的其他存在物。在此，重要的有两个方面：一是每次革命创造了什么"机器"，二是它们又能够替代人的何种功能。

一般说来，前三次革命创造出来的"机器"，是以物理机械性为主的，很小部分具有智能性。这样的创造物，只能替代人的部分功能。粗略地看，第一、二次工业革命，是机器对于人手、脚的替代，以及眼、鼻、耳等五官的简单功能替代，或说主要是对人的体力替代；第三次工业革命，以计算技术为基础，开始了对人脑的部分替代，或说是对人的智力替代。第三次工业革命是飞跃性的，它由人的手、眼等向外延伸，转向了人脑的"机器化"创造，人们将计算机称为"电脑"，表明了这次工业革命的某些特质。同时，也预埋了这样的潜在走势——如果将替代人手、眼等的"机器"和"电脑"结合起来，是否有替代完整人的可能？

第四次工业革命恰恰就在这样的预示里，符合逻辑地到来了。现实已经展示了这样的走向，在前三次革命的基础上，通过多种技术"集成"，创造出前所未有的"超级机器"，进一步替代人的体力和智力，甚至替代人的全部功能，成为"机器超人"。我们这些上苍"用泥巴"捏制的"自然人"，或许在这次革命后，就不再孤独为单一人种，人类社会将添加新的"机器种群"了。这，究竟只是令人兴奋和愉悦，还是也会令人紧张和恐惧？

这就要看"机器人"对"自然人"的关系，是否还可能保留前者为"仆"，后者为"主"的状态，即"自然人"是不是还能够作为人类社会的主体，有效地对"机器人"加以管控。在前三次工业革命中，"机器替代人"虽然也带给人类社会政治、经济和文化等诸多的难题与困惑，如阶级冲突、失业问题、环境污染等，但整体而言，人类对那些"机器"的认知是清晰的、可控的；人的主体地位，只是受到某种"异化"，即一时地、偶尔地、部分地被

"机器"推挤，并没有从根本上让位，更没有对"机器"俯首称臣。那么，第四次工业革命带来的"机器"呢？它们还如同以往，只是受人类指令的摆布而机械地运动，还是作为功能齐全的"机器人"，独立运行，自己决策，进而可能反过来指挥人类？

让我们畅想一下。当各种交叉的技术初步"集成"，使得"机器人"的功能丰富起来时，"自然人"一定还是"主人"，因为"机器人"并未穷尽"自然人"的全部体力和智力之优；当"机器人"接近或达到"自然人"的全部功能时，"自然人"的"主人"地位就难说稳固了——"机器人"功能的齐全就意味着，它们也具有"指挥力"，而不只是"服从者"。一旦"机器人"的功能超过"自然人"，我们真的无法再设想，"自然人"还能够对"机器人"颐使气指。因为后者"牛"于前者，"自然人"指挥不动"机器人"了。

对此，有人可能嗤之以鼻。他们认定，任何时候，任何情况下，"机器人"的后面一定少不得"自然人"的操纵。事实却可能是，"机器人"发展到一定阶段，"母机器"就会出现，它将超过人的功能，自我创造和控制"子机器"，"自然人"也就不再具有管控的优势。逻辑上讲，一定存在某个终极的"母机器"，其背后是"自然人"。然而，那个机器也由于它超过了"自然人"的功能，当然地将替代人来行事，其中包括管控"子机器"。试想，"自然人"解决不了的难题，"机器人"由于功能强大给解决了，

"机器人"不就成"主人"了？

　　不久前，"自然人"李世石与"机器人"阿尔法围棋有一场围棋对弈。这场以"机器人"胜利为结局的比赛，充分展现了这次工业革命的性质和后果。李世石依靠千古一绝的"一手"，赢回了一局。这与其说是李为"自然人"挽回了一丝颜面，不如说是此次革命还未最后完成更加确切。要知道，"自然人"只是一个单体，他再神奇，也只是单一的神奇；"机器人"却是无数"自然人"神奇的"集成"，其中包括与其对弈的李世石；更何况，"机器人"只会精致准确的逻辑计算，不会受到"自然人性"弱点的左右而失误。"自然人"又凭什么还能够战胜"机器人"呢？

　　不错，"机器人"是由"自然人"创造出来的。但当它"集成"了"自然人"的计算能力、应变能力和智慧时，便完成了真正意义上的脱胎换骨，成为能够独自存活和运动的"超人"了。

　　以往的历史还告诉我们，伴随一次又一次工业革命的推进，"自然人"整体的功能在慢慢退化——先从体力退化开始，再在人类不断地使用自己制造的"傻瓜"设施中，开启并强化智力退化的"模式"。工业革命之前的时代里，武松只凭几口土酒，就可以制服景阳冈上的猛虎；现代人非枪即炮，否则不足以保全性命。应当说，"自然人"的体力功能已经退化得差不多了，现在正在进行智力功能向"机器人"的交付。"自然人"交付多少，自我就退化多少。在这一进一退之中，"机器人"替代"自然人"成为人类社会的主角，甚至成为人类的"主人"，不是可能与否的问题，而是何时完成的问题。

如果说，"机器人"还只是"集成"人的功能而超过人，那么，从基因测序、激活和编辑的技术来看，从可存活胚胎上精准操纵人类基因组，就可能创造出人为设计的"生物婴儿"来。他们就是人类，但不是男女结合的"自然人"。由于设计，他们不存在"先天不足"，体力、智力的基础优于"自然人"；生物信息技术的发展，又很容易地赋予这些"基因人"以社会历史、道德、文化等方面的信息"集成"，相比于"自然人"，他们会更富有后天的"思想""经历"和"经验"；加上"天生而来"的强大免疫力，健康成长和寿命延长，尽在逻辑和情理之中，他们会有大大超过"自然人"的贡献时间和能量。比较，是残酷又不可回避的，"基因人"无疑将全面地优于"自然人"。我们是否还会有自信，认定"基因人"只会听从"自然人"的指令而言行？

这不是科幻想象。施瓦布教授传出的信息是，基因技术发展非常迅速，目前限制其应用的，不是技术，而是法律、监管和伦理方面的阻力。教授坦言，如何应对基因技术带来的现实和后果，"我们仍未做好准备"。时下"自然人"所做的，只是通过政府和社会组织把控技术，不让扩散，如同全球几个国家联合控制核不扩散一样。如果技术向前走，基因编辑类技术变得容易掌握和获取，政府和社会组织就没有办法把控了。或许，在某个日子，一条震惊世界的消息传来——地球上出现了基因编辑出来的"基因人"，他们显现出体力、智力和免疫力方面的状态，大大超出"自然人"。再往后呢？

未来的人类社会，很可能就由"自然人""机器人"和"基因人"组成。"自然人"除了上苍造人时留下的"人性之恶"，如贪婪、恐惧和懒惰等外，体力和智力优秀的方面，不是"集成"到了"机器人"身上，就是培植进了"基因人"体内。"自然人"真没有什么优势可言。或许，恰恰是"人性之恶"，"机器人"和"基因人"并不具备，倒是成为"自然人"能够生存下来的有效武器。"自然人"通过"恶"的做法，不让"机器人"和"基因人"事事领先。但这也只是很低级的生存，"自然人"整天要与"机器人"和"基因人"进行战斗，绝对不可能是"诗意地栖居"。

有人会说，"自然人"也可以将弱、丑、恶等的特质注入给"机器人"和"基因人"。这是可能的。但若如此，"自然人"连"恶"的优势都没有，"机器人"和"基因人"将以坏得透顶的无限能量，让"自然人"迅速地消亡。人类曾经过高地估计过自我，否定超然的"上帝"存在，大喊过"上帝死了"。这次，就该轮到"机器人"和"基因人"来喊，"自然人死了"。两者不同的是，前者并不清楚，是不是真正存在一个"上帝"，只是自我狂妄地认为在精神上人类要替代"上帝"；后者则清楚，是实然的"自然人"创造了"机器人"和"基因人",并且以真真切切的方式,结束了"自然人"的存在。

说到这里,作为"自然人"的我们,还能够心绪安宁?

为什么说我们是无知的?

施瓦布认为,第四次工业革命是颠覆性的。在书中,他列举了到2025年,23项人类社会可能引爆成形的新技术及其影响。秉持严肃和开放的科学态度,他在每项技术介绍后面,附加有"正面影响""负面影响""未知或利弊皆有"三个方面的分析提示。例如,在谈到"定制人类——第一个'编辑基因组'婴儿诞生"时,他指出,"未知或利弊皆有"的影响,会包括"延长寿命、陷入讨论人类本质的伦理困境和文化转型"等方面。

在他看来,当颠覆性的革命到来时,人们能够清楚地感受到技术变化的快速和剧烈,却对革命的深刻影响,特别是对以"自然人"形态存在的人类社会影响,知之有限。以智能手机为例,它几近快到消灭固定电话机了。人们惊讶、感叹并享受这样的技术进步和功能扩展时,却真不知道,如此"颠覆"的,只是从桌子上拿起话机,改变成从口袋里掏出那个精巧玩意儿,还是人类的生存方式将出现断崖式变化。技术革命的直观有感,与带来深刻影响的基本无知,构成了第四次工业革命的另一幅拼图。

作为"自然人"的整体,我们现在像是温水煮锅中的青蛙。人，是地球上最聪明的物种。就公认的理解来说，人类历史不足万年，却大到宇宙空间，小到原子质子，都探明出了一些究竟，并且"无中生有"地创造出了无以计数的"机器"。人类居然会对自己的"造物"不知影响几何，此等怪事源自何方魔力？

首当其冲的，是人类的经验主义。前三次工业革命，不只是展示了人类的能量，还积淀了革命影响人类生存和生活的经验。这种经验表明，每次工业革命都表现出辅助人、解放人、提升人创造力的功能。对于人类社会的影响，当然地就一直被定位在"积极的、正面的"肯定之上。而且，每次工业革命带来的负面问题，也是极其类似的，人类只要足够重视，就可以解决或缓和。此等经验经历时空的传播和传承，渐渐被意识形态化，浓烈的乐观情绪便弥漫到了人类日常生活的方方面面；同时，乐观情绪又反过来加重了经验主义的权威——关于工业革命的影响，我们内心已经有了某种恒定的评价"定式"。基于经验，第四次工业革命对于人类的影响，不过是历次革命影响的又一次重演，虽然范围更大、程度更高、持续时间更久，本质还是对人类的辅助、解放和提升。在许多关于这次革命的著作里，"机器替代人"带来的失业、贫富差距等，仍被认定为最大的问题，这与前三次工业革命的影响并无不同。我们又一次主动地掉进了历史的窠臼。

其次是技术进步主义。工业革命是以技术发展为特征的，在这个"主义"眼中，技术发展不只是技术本身的进阶升级，更代表人类社会的进步，因此完全不必忧虑。换言之，任何技术，都是基于人类的需要，终究也是服务人的；人类社会只会由于它而更加受益——机器对于人的替代，总是在进步的意义上来完善人的，不可能奴役人，更说不到取代人和消灭人了。在这里，技术就是进步的同义词。第四次工业革命说到底，是更高层级的技术革命，它所带来的，应当只有更加有利于人类社会的福祉。事实上，从来没有人想过，要在技术发展出现后，通过毁灭技术，来解决人类社会面临的一些问题。历史上有过工人销毁机器的事情，那也只是少数人一时的对策，人类社会整体从来就没有过对技术发展的任何负面认知。

推敲下来，人类中心主义，应当是造就我们无知的终极性原因。地球之上，人处于绝对主位，一直就是人类对于世界关系的核心认知——不论自然界，还是"人造物"的世界，人，永远是它们的统治者。历史是如此，现实仍然如此，未来还将如此。对于今天"机器人"类的工业革命成果，人类当然以绝对"王"的身份出现，"机器人"神通再大，也折腾不出人的手心。最具代表性的想象是，一个张牙舞爪、硕大无比的钢筋铁骨"巨侠"正在行恶，一只纤纤小手按下关闭键，顿时"巨侠"就被控制得服服帖帖。至于"基因人"类的到来，他们也只是"人造世界"中的一员，既然人类可以制造出他们，就必定能够掌控他们，而不可能被他们所掌控。

很显然，人类中心主义之所以如此地富于信心，就在于认定那个终极的"控制开关"，必定掌握在人类手中。第四次工业革命，仍然是人类制造出来的技术变迁运动，它岂能有通天神功，夺去人类的终极把控之权？

站在人类中心主义的巅峰，我们当然不用忧虑。然而，新的工业革命提出的最大疑问在于，人类将自己最强大、最优质和最持久的体力和智力进行"集成"，并一步一步地转移到"机器人"身上，尤其是转移到与自己同类却更为强健和发达的"基因人"身上后，仍然认为自己还是这个世界的主宰，这是不是人类自我最大也是最后的迷思？更何况，人类转移出体力和智力优势的同时，还有弱化自身的另一个趋势伴随，那终极的"控制开关"，或许会复杂到只能由"集成"的"机器人"或"基因人"来掌握，人类又还有什么主宰之位，又还能去掌控谁呢？

美国斯坦福大学人工智能和伦理学专家杰瑞·卡普兰教授在他的新著《人工智能时代》里，举出了人类对新工业革命"无知"的一个案例。一个油漆工和一个油漆机器人，他的思维和它的"思维"是完全不同的。但人类总是以自己的想法和行为方式，去认知机器人的"思维"和行为方式，结果陷入了无知。事实上，人类总是按照自我意志来"由己推他"地想象"机器人"或"基因人"的"想法"和活动，那是想象不出来的——李世石就是基于人类思维而难以推测阿尔法围棋的走法而告负的。可见，人类对于新工业革命的无知，归根结底，深植于人类对于自身主宰地位不可动摇的盲目乐观之中。

我们又当如何是好？

　　无知是人类生存和生活的最大敌人。在这个意义上讲，整个人类社会的历史，就是人类"去无知"的历史，也是人类由无知走向有知的历史。这一点，让我们对人类的未来有理由乐观。有意思的是，人类在这样"去无知"的过程中，一边深化对外部世界的认知，一边又迷失在自己创造的世界里。第四次工业革命带来的恰恰就是这样双重性的结果——一方面是技术知识的深化，另一方面则是技术带来影响认知上的严重缺失。如果说，前几次工业革命，人类"去无知"，主要是去掉技术上的无知，并体验、认知技术对人类社会的直接影响，那么，这次革命所要做的，就不只是技术上的认知升级，还应当努力去革除历史沉淀下来的某些经验、知识和意识形态，以构造出新的社会影响知识。第四次工业革命是颠覆性的；我们对革命影响的认知，也必须是颠覆性的。那么，我们又当如何去颠覆既有的认知呢？

　　改变思维方式，从"人类中心主义"走向"整个世界主义"。人类社会一直是由"二分法"的思维方式统治的，人和外部世界（即自然界和人造物世界之和）是思维中被分裂开来的两个最基本元素。人和外部世界的长期共生共存，本来是相互依赖和相互扶助的关系，却由于人过于看重自身的能量，外部世界又的确不具备主动的对抗性，助成了人的主宰之位。而人又在对外部世界施加随心所欲的改造中，膨胀了自己的霸主意识，弱化甚至失去了对大自然的敬畏，更不将自己创造出来的物件放在眼里——"二分法"的思维方式，自然而然地导引出了"人类中心主义"。

这次工业革命的初步成果，已经预示了"二分法"思维的困境。即使只在人的群体里，也将出现"机器人""基因人"等新新人类，和我们这些"自然人"比肩并行，人类原有的思维方式已经无法面对如此场景了。实际上，每次工业革命的负面成果，都冲击过"二分法"和"人类中心主义"。大自然出现的环境污染、地球升温、怪异病毒等现象，以及人类社会的失业、贫富差距和经济危机等，直指人类思维方式的偏颇，痛诉人类以自我为中心意识，明示人类在一种无知的狂妄之中，从事着自我残害的蠢事。但由于人类整体理性的孱弱，特别是各种问题的累积并未达到危险的"阈值"，思维的冲击之波被人类主宰世界理念的巨潮所吞噬。

本次工业革命的狂飙，再次猛烈地撞击了既有的思维方式，在以往革命累积的问题或将危及人类生存和生活之态时，隐隐约约昭示了另外一种方向，即"整体世界主义"的思维方式——将"自然人"作为世界主宰的地位卸除，仅仅作为一个平等的元素，放置在整体世界的范围之中来看待，重新理解和建立人与外部世界的关系，让人与大自然和人造世界平起平坐。由此看来，改变思维方式，不只是说有必要，新工业革命的现实，也创造了可能。

重新认知技术进阶升级。在历次工业革命的技术进阶升级问题上，我们从来都是迷思者。人类中心主义的主体思维，将任何的技术进阶升级，都被视为助益于人类的工具进步。而且，技术越是进阶快速，越是升级超强，越是纵横交错，人类由此得到的助益就被认定为越是巨大。历史也的确展示过这样的一面：在技术进阶升级带来"机器代替人"的前几次工业革命中，技术始终是掌握在人手中的工具，"机器"真实地助益了人类的生存和生活。但与此同时，核武器和大规模杀伤性武器、化学毒品、电脑病毒等的技术进阶升级，却是整体上加害于人类生存和生活的。这样的技术越是先进，对于人类整体上的加害越是强烈和彻底，越是危及人类整体的存在。历史上的每次技术进阶升级，都显示过它有益和有害的两面性，我们则只知其一，而不知或不愿意知其二。

这次工业革命中的技术进阶升级，已经为当下社会深刻感知。对其是"有益"还是"有害"的理解，在某个视角上看，已经由不得我们只讲"助益"而忽略"加害"了。这是因为，本次"集成"式的技术叠加进阶升级，"助益"和"加害"也叠加到了一起，人的主体地位受到了严峻挑战。从"机器代替人"上讲，一方面，"机器人"和"基因人"的完整形态出现，将全方位地代替我们这些"自然人"来劳作，将使"自然人"享受无须多少体力和智力付出的生存和生活方式；另一方面，这种代替表明，"自然人"不再需要劳作，也就不再具有任何自我生存和生活的能力，从依赖"机器人"和"基因人"，走向依附它们。这不就是实质意义上的被取代或被奴役？这离"自然人"的末日，又还能有多远？技术进阶升级的"双刃剑"特性，在这次工业革命中，已经大为显露，还将以更为丰富的方式表现出来。现在是重新认知技术进阶升级的时候了，历史遗留下来的技术只有"助益"而无"加害"的片面认识，必须彻底予以抛弃。

重塑人类全新的、共有的道德良知。由史而今，人类社会整体的道德良知，基本上是与技术的进阶升级相匹配的。虽然经历了许多血雨腥风，人类究竟还是成长和成熟起来，在某些重大技术进阶升级发生时，尚能撮合起共有的道德良知，抵制和抑制技术基础上人类的疯狂。如核技术的进步，就是最好的一个案例。然而，人类社会远没有走上从人类整体的视角来建立道德良知的道路，民族、国家、团体、派别等的历史性存在和发展，让这样的人类理想，仅存在于一些思想者的脑海中。人类社会历史更多展示出来的，是人类内部不同群体之间的竞争、冲突甚至毁灭性的战争，道德良知大多从本群体利益出发，具有强烈的群体个性色彩。就是那种"撮合起来"的共有道德良知，通常也只是针对具体问题而来的短暂性规定，要么昙花一现，要么只是约束很小的范围。

第四次工业革命的到来，以超越地域、民族、国家、政治团体、宗教派别的态势，在向整个人类社会发出新的挑战。"自然人""机器人"和"基因人"等之间的冲突，很可能超过当下的民族、国家等之间的冲突，因而预示了人类社会一个自我超越时代的到来。这应当是第四次工业革命最具特色，也最有价值的地方。我们这些"自然人"，如果不想在这次工业革命中，成为自己的掘墓人，就必须适度地放下"自然人"内部的争斗，从整个人类的视角，塑造全新的、共有的道德良知，摈弃前嫌，团结起来，面对整个人类新的对手。可以想象，面对如此革命，没有一种主流的、共有并且是强有力的人类价值观或普世道德出现，技术进阶不仅不意味人类社会的进步，相反，那一定是人类社会的倒退或灾难。

早期的工业革命，让人类社会分裂出资产阶级和无产阶级。作为无产阶级的理论代表，为了整个人类的平等和最终的解放，马克思曾历史性地呼喊过：全世界无产者，联合起来！

在第四次工业革命如火如荼的今天，人类社会将出现"机器人"和"基因人"等"新人类"，为了整个人类的命运、和谐和幸福，我们在此也想大喊一声：全世界自然人，联合起来！

2016 年 7 月 5 日　星期二　开始动笔

2016 年 8 月 27 日　星期六　修改完成

（原载《读书》2016 年第 11 期）

上帝、数据和故事

- 就人类说话的方式而言，除了数据，我们还有故事。
- 故事和数据的不同，在于数据很大程度上是已经存在、甚至记录下来的真实信息，而故事则可能含有前者，还可以去"虚构"或是"创造"。

早些年，在读黄仁宇先生的"大历史"作品时，中国落后于西欧和日本是由于"数目字管理差"的判断，印象极其深刻。黄先生将"数目字"管理的准确和意识形态统辖的笼统，做了直接的褒贬对比。潜台词是，中国人图强发奋，跻身世界强国，当"以史为鉴"，重视数目，万万不可只是"大概"而已。在我看来，先生的如此观点，大可名冠"仁宇结论"，与史共存。

近年来，读了多本"大数据"的著作，其中涂子沛先生的《大数据》和《数据之巅》，读来令人振聋发聩。"数目字管理"在当下中国，应当是主流或主流中的重要成分，但相比于美国等强国，有着明显的距离。涂先生明言，收集数据、使用数据和开放数据，是现代国人面临的严峻挑战。大有一种历史呼应的意味，涂先生发出了新时代的"仁宇结论"，依然是民族和国家强盛的警醒之言，让人内心不由得升腾起深深的敬意。

事物总是具有两面或多面性。当我们强调某个方面时，很容易出现某种过量的渲染；而当我们过于渲染某个方面时，则必定会出现一些逻辑偏差和思想矛盾。应当说，在流行颇多的"大数据"文字里，这种偏差和矛盾是较明显的。无疑，它们不只是文字上、逻辑上和思想上的争议问题，基于"大数据"的时代功能，它们会引致出偏颇的实践经历和结果。

上帝、人和数据

这是关于"大数据"的名言："除了上帝，任何人都必须用数据来说话。"

在汉语语法里，"除了"一词具有英文中"besides"和"except"的两重含义。"besides"表达的"除了"，是一种相加关系，如"Besides him, we all went to the movies（除了他之外，我们都去看电影了）"，其中的"他"和"我们"是都去了；而"except"的"除了"是排除性的，如"We all went to the movies except him（除了他之外，我们都去看电影了）"，这里的"他"不在看电影群体之中。那么，上面名言中的"除了"，是相加性的，还是排除在外的？

　　显而易见，由于上帝和人完全不同，"除了"一定是排除性的。只要你是人，就必须用数据来说话；上帝，则可以排除在"用数据说话"之外。很不幸，即便是这种解释，从主体的角度来看，上帝和人不可避免地归属到了同一个群体之中，他们只有"说话方式"的不同，但都是世界说话的主体。换言之，"除了"所排除的，只是上帝和人在用数据问题上的"必须与否"，却排除不了上帝和人同处在世界说话主体位置的共性。

　　就这样，一个逻辑的偏差就生成了。

　　如果说，上帝不等于人，将两者放在同一位置上进行"说话方式"差别的比较，就全然没有基础，也就没有比较的意义，这如同"除了动物，我们都去看电影了"一样怪异；如果说，上帝等于人，比较的基础有了，内在的逻辑冲突就出现了——因为"任何人"一旦包括上帝在内，上帝也必须"用数据来说话"，此名言前后就是自我否定的了。在这里，解决问题的办法，就是放弃用上帝做比较，仅仅说"任何人都必须用数据来说话"，便可逃离逻辑的深渊。

　　我理解，作者之所以要动用"上帝"做文章，在于试图以一种唯一的、绝对的、终极的方式，加大对"大数据"神奇性的渲染。不曾细想的或许是，这等说法在逻辑上的偏差，很可能反过来导致人们疑虑"大数据"的科学价值和现实功能。要知道，人们大多笃信，离上帝近的东西，离人类科学认知和现实生活会很远。

　　解说"大数据"名言的逻辑偏差显然不是最重要的。最重要的在于，将"大数据"的功能绝对化，会对人的主体性带来冲击和伤害。因为绝对化，大数据就成了一个新的"上帝"，人容易在如此理解里被大数据所管控，时不时地失去自我主体位置，最终导致认知和改造世界的迷惘与失误。

　　所谓"大数据"，即是"大量"的数据集合。它解决了以往小部分数据时，必须由局部去推测整体的困难，以及推测方法和结果的不确定性。如在大海中航行时，航行者发现冰山一角，以往必须借助于某种"算法"，去推测整个冰山的大小；在冰山的"大数据"可得到时，整个冰山的"庐山真面目"便容易掌握，航行者就不需要推测和任何的"算法"了。更紧要的是，如果数据"大"到几近无所不包，可以称之为"全量"时，人类的各种活动就能够大大地提高趋利避害的准确性。试想，当你一眼就看清全部的冰山，你自然就能够相当准确地安全航行。可见，大数据特别是"全量性"的数据具有直观、结构清晰和综合性强的特点，人类在生产和生活实践中，通过它，能够迅速把握事物的整体、相互关系和发展趋势。毫无疑问，大数据是人类一种新型的、功能强大的好工具。

　　"功能强大"常常是被人们夸大的基础，而夸大的最高境界就是将被夸者置于神龛之上。当大数据经拥戴走向登峰造极时，它作为人的工具的特性便急剧弱化；相应地，它被赋予了某种超越工具的特性，大有替代人作为主体的部分作用。收集数据也好，分析数据也罢，特别是使用数据，本来都是人作为数据的主宰者主动所为，数据只是一种人的工具。然而，大数据的神化，让这一切转化成了人在数据之下的被动适应——收集的数据越"大"，事物的直观性、整体性就越强，发展的趋势似乎就越容易把握，问题的解决办法似乎就越明了，数据自身的主体功能似乎就越突出，人对数据的使用就越容易被数据对人的指挥所替代；而数据的指挥越是强势，人就越是容易屈从于数据的管控，这又会刺激起人们更多地去收集"更大"的数据，进而叠加性地加固数据对人的指挥。在这样的格局之下，人退居于次位，大数据则向人的主体位置上升。

这不是一种逻辑演论和主观臆测。在现实生产和生活中开始使用"大数据"的人们，已经有了"宁可相信数据，也不相信人"的初步理念。例如，一些公司招聘新员工时，完全依赖于各种类型的考试成绩单和就读学校、学历、学位等组成的"大数据"，"准"比尔·盖茨、乔布斯类人士，肯定进入不了选择范围。在法律界，用"大数据"来分析人的犯罪倾向，并预测某些人的犯罪行为，提前给予限制或是监控，这实际上是对未来的犯罪可能而非实际犯罪行为进行惩罚，显然有损于人的尊严；犯罪学上有"犯罪性"和"犯罪"的区分，前者只是犯罪心理倾向，大量存在于人们之中，并非只有犯罪的人才有，即使用"大数据"分析预测某人的犯罪性，也不能认定犯罪行为一定发生。过于绝对地依赖和笃信数据，不仅在具体的事项里会出差错，重要的是人的主体性被侵犯和损害，不论他们是招聘者还是被招聘者，也不论他们是"犯罪"的怀疑者还是被怀疑者。

实际上，"大数据"这种人类的创造物反过来管控人，不时挤掉人主体地位的事情，人类有史以来就一直存在。西方人关于人的"异化"之说，东方人关于"自己立个菩萨自己拜"的理念，早就对此现象有过深刻的分析和批判。人类制造了机器，人就时常依附于机器；人类创造了组织、制度，人就被组织和制度统治；人类发明了货币，人便成了货币的奴隶；人类推崇宗教，信教者就有了心中的"主"而忘却了自己。在某种视角上看，人类追寻的自由和进步，不只是在改造和创造世界中获得，还要在摆脱自己创造物的控制和束缚中获得。颇为无奈的是，人类已有的深刻认识和实践，仍然无法消除对创造物的顶礼膜拜。这种根植于人性中的东西，我们能够做的，只有反复的提示和警醒。

正因为如此，大数据被极端性神化，并不是多么新鲜的事情。新鲜的，只是大数据这种新的推崇对象，还有那神化大数据的现代渲染形式——上帝类的绝对观念存在被拿来做了衬托。熟悉人类自由和进步的历史，就能够熟悉当下的大数据工具地位，人也能够在时常的迷惘中醒来，这是让人永远乐观和自信的一面。

除了数据，我们至少还有故事

关于大数据的理解，公认的说法，数据就是信息，而

"大"则只是一个相对的界定，并非科学概念。由于科学技术的进步，相对于历史，现在收集数据量巨大；相对于原来的"数目字"理解，现在的数据还包括文本、图片、视频等新信息；相对于过去"数目字"主要用来做大的事项记录，如计时间、记大小、记经济交往账目等，现在的数据使用则介入到了社会生活中的方方面面，如个人健康、企业管理、宏观经济预测等。因此，"大"是游离不定的，其边界不清晰也不可能清晰。大数据就是巨大信息量的别名。

基于这样的理解，人人都必须用数据说话，是完全正确的。只要你开口，一定是带有信息量的。即使是你说的内容没有新的信息量，你在进行表达本身，也是一种新的信息，结合你说的内容，就成了新信息。例如，同一个信息，由普通民众说出和由总统说出，是不一样的。这样说来，人们用数据说话，不是"必须"与否，而是自然而然的。我们想象不出，从古到今，离开了信息交流和交往，人类还能交流和交往什么。可见，对于大数据，我们还是需要一个较为一般的界定。

多少有些遗憾的是，我没有看到关于大数据的一般概念。或许，在这个时代里，概念本身已经不重要，不重要到不必认真地去定义它。即便是将大数据分为"结构化"和"非结构化"不同数据，我们也无法准确地说，哪些信息是在"大数据"范围，哪些不在。不过，对于"数据"而言，我们通常将那些可以数量化或是进行数量化处理的信息，归列在一起，称其为"数据"，而将其他的信息另行归类，不算为此种意义上的"数据"。在读到的不少大数据著作中，这种分类是占多的，尽管作者并未明言。

其实，就人类说话的方式而言，除了数据，我们还有故事。故事和数据的不同，在于数据很大程度上是已经存在、甚至记录下来的真实信息，而故事则可能含有前者，还可以去"虚构"或是"创造"。人类社会的历史表明，人们的交流和交往，少不得数据作为媒介，也少不得故事。甚至，故事的重要，时常都在数据之上。

让我们看看人类历史记录下来的那份宝贵财富《圣经》，它就是由故事组成的，其中有数据，有他类信息，更有某种"上帝"赋予人类的精神期盼——实质是人类对于自我的认知和价值理念创设，或者说，是人类精神世界里的一种意识形态的构建。正是这样的构建，创造了西方世界的文明史基础，它的地位高度如何评说，自不待言。

华夏文明的历史又何尝不是如此。包括黄仁宇先生在内的许许多多历史学家，只能依据历史留下来的有限资料或"数据"，去分析、推测甚至想象历史的过程，构建某种历史观或是意识形态。我们当下看到的华夏文明史，当然有真实的历史记录，更多的则是历史的"故事"创造。在某种意义上讲，至少历史中的大多数细节，不是历史中人的言行自然记录（根本不可能有），一定是他人或史家的推测或是"虚构"。延续着中华数千年文明历史的传统或价值观，并不因为这些"虚构"而失色。相反，正是它们，组合成了较为清晰的文明色谱，让后人承接了文化的精髓而繁衍了强大的华夏民族。这些算不得"数据"的故事，竟然是如此地具有生命力，由不得我们不顶礼合十。

现代计算机、网络、传感和移动等技术的飞速发展，创造出大数据的时代。当下人类历史的许多细节，已经被有形和无形中存在的设施所自动记录，并且由庞大的存储系统保留下来，不再需要史家的"虚构"。但是不是技术手段的再进步，会将人类社会的一切都自动记录下来，从而消灭史家的"虚构"呢？从纯粹技术的角度讲，这是完全可能的。可以想象，当人类一切的言行，自然界的所有变化，都能够每时每刻地被传感器、移动网络和存储设备所收集时，历史本身的"大数据"就已经集合起来，"虚构"历史细节的空间就没有了。

先不说人类社会和自然界的一切信息是否都可以被收集，即使是史家完全没有必要去"虚构"历史，却无法不去"创造"由史而来的价值观、信仰，或是精神层面上完善一个民族、一个国家，甚至整个人类社会生存和延续的正向理念。现代的数据可以是很大，大到足以让人看清经历的所有细节，但它们不会自动地生成价值评说和善恶区分，更不会自动形成某种意识形态。这些由大数据组成的历史经历，有其自身的数据存在逻辑，却未必是人类走向未来的合理存在，如一味追求经济速度的发展经历，并不表明人类美好未来会在此种速度下快速到来。只有人类自身和谐、圆融地发展，与大自然和谐共存，才是人类的长久发展之道。当历史的细节不需要"虚构"时，人类历史的信仰和价值观，仍然还是需要创造的。事实上，以往史家"虚构"历史细节，当然不是就"虚构"而为，而是冲着信仰和价值观来的。

更何况，要完整无缺地收集人类社会和自然界的全部信息，那是不可能的。自然界存在至少在亿年之上，人类社会也有数千年历史，过去的信息，我们只是收集和储存了很少的部分。当今的信息，由于人类数量的增长和活动的复杂化，其产生量和收集储存量相比，仍然存在巨大的遗漏——每个人都在每分每秒里产生信息，却不是都被收集和储存了起来。事实上，从人类的所有活动都要耗费资源来说，人类不可能将全部的资源都用于信息的收集和储存，仅此一点，那些消失在自然界和人类社会里的信息，不知道要大于收集和储存的信息多少倍！所谓的大数据，相比于人类无能力收集和储存而丢失的信息，是极其渺小的，要得到所谓的"全量性"数据，也只能是南柯一梦。

一个确定无疑的结论是，在当今的大数据时代里，数据的收集、储存和使用，可以说是空前的，并将获得更加惊人的发展，但这并不能够成为消灭"故事"的理由，因为它根本消灭不了。如果我们不是从相对的视角去看待数据的"大"，不尊重和选择数据以外的其他工具，尤其是弃"故事"类工具而仅仅以数据代之，我们就可能大大地误解自然界，更误解人类社会自身，在"故事"类工具的弃用中，迷失在存在观、价值观和信仰等意识形态的缺失中，成为大数据的奴隶。虽然说，从长期来看，人类整体一定不会祭出大数据为神，但一时的迷失或部分的误解，也会大大地伤害人类的自由意志和尊严。

如何认知"大数据"

在现实社会里，将大数据作为符号者颇多，许多人已是言必称之；将大数据作为工具来服务于特定目标者，正在迅速增加。不过，一般观察而言，对于大数据似懂非懂又渴望了解者，规模最大，其中包括不少的"符号者"和少量的"工具者"。面对如此的格局，现在正是从大数据的内在规定出发，宣讲它的最佳时期。不少的大数据著作出现，大受欢迎，正是契合了时代的需要。但是，过于绝对的渲染，可能会适得其反。大数据的思想者们，必须清醒地看到这一点。

在"大数据"的认知问题上，对人的主体性的强调，始终应当是第一位的。收集、分析和使用的数据再大，大到我们甚至要言听计从地服从于数据演化生成的结论，它们也只是在人的指挥和管控之下形成的。是人，收集到了足够多的数据，有了厚实的分析基础；是人，整理、归类、理清关联、发现特征或规律，并梳理出了可使用的途径；还是人，通过使用数据实践，总结、评估、叠加分析并进一步地提供改进使用措施。即使有些人，总只是处于一般使用者的位置上，那也必须明白，这是人创造出来的东西，不能绝对化它的作用；这也是人在使用的东西，人的操控具有决定性，不可自我否定主体作用。生活中，绝对相信 GPS 定位的驾驶者，在明明白白走错路时，不怀疑定位器而怀疑自我之事，是时有发生的。

"大数据"之"大"的相对性，需要倍加牢记。现代社会数据的巨量增长，其计量的单位自然发生了变化，百、千、万、亿和兆类单位，已经无法表达数据量界。以二的几十次方出现的"拍、艾、泽字节"单位，它们计量的数据，大到我们无法用传统的数量概念去想象。即便如此，我们也无法用"全量"去界说"大数据"。就是在某个主题设定的前提下，如根据某种疾病的巨量信息来寻求治疗方案，我们运用最先进的技术去收集、储存和分析，并且通过无障碍的方式共享，也无法穷尽所有关联数据，更无法得到全部无遗漏的治疗良方。"大"是一种永远相对的数界，不可能是绝对的完整存在。如果绝对了，那便是终结，那种疾病根本就不可能有。在这个意义上，我们不应当期望，大数据由于其"大"，会带给我们一个绝对的整体，一个完全不需要因果分析的事物结构，一个彻头彻尾的最优解。那是人类脑海里构造的"乌托邦"，不是真实的人类社会。

我们相信人有神性之说，却无论如何也不会相信人就是神本身。既然有关大数据的一切，都还是人作为主体主宰之下的所为，那么，人具有的天性，尤其是那与生俱来的弱点，如贪婪、恐惧和懒惰等，就必定会在与大数据关联的各种过程中，得以充分地展现。由此而来的是，收集

38

数据中无法避免造假，分析数据中无法避免差错；而使用数据，则会出现利益争夺之下，人为的效果夸张或缩减，将使用结果叠加为不真实的"新数据"而反馈到大数据群体之中。这一点说明，大数据在人类社会里，总是会包含假的、错的和人为制造出来没有用处的内容。大数据不只是不绝对地"大"，还不是绝对地有意义。

在人类社会学说的历史上，那个"量变到质变"的哲学结论是深入人心的。数据由小变到大，巨量数据时代的到来，是不是意味着某种新质的出现呢？

一定是的。那么，这种新质又是什么呢？如果说，人类并不会因为大数据的出现而改变其主体地位，也不会改变其天性，那么，由大数据带来的新质，就必定只是人的思维方式的变化，以及由此而来的社会生存和生活模式的重造。那种过往"小数据"下的传统的思维，包括生存方式选择、管理方法确定和预测模型设立，都将在大数据的冲击之下走向弱势，部分则走向终结，进而演进出现实社会生存和生活中的新景。说实话，现在还不到描绘大数据新社会景象的时候。这是因为，我们的社会，正处于历史的拐角处，传统社会的景致依然活跃，它使得我们的传统思维仍然占领了颇大的地盘，让我们一时半会儿也构想不出那个场景来。

2015年6月6日　星期六　开始动笔

2015年8月2日　星期日　修改完稿

（原载《读书》2015年第10期）

大数据的困惑

● 在这变化无穷的世界里，人类不可能不迷茫，有时甚至迷失，但时刻记住人的主体性，认清大数据类工具的属性，我们就不会"迷"得过久、过深。

大数据，是我们这个时代鲜亮的符号，也是我们这个时代有用的工具。然而，它是不是我们这个时代尚存疑惑的问题？

就观察而言，将大数据作为符号者，大有人在；将大数据作为工具者，并不为多；时下最大的群体，还是对于大数据并不真正了解者。就是在符号者群体里，相当多的人也只是似懂非懂。依此判断，这还真算不得是货真价实的"大数据时代"——懂大数据的人数，只能由推测得出，并不是大数据。

在读过数本关于大数据的作品后，我产生了颇大的困惑。"革命性""颠覆性"和"终结性"等词语或隐含意义，被毫不吝啬地赋予了它。与以往工具性革命不同的是，大数据大有取代人类的组织、制度，乃至道德、价值观和宗教信仰的超常力量，那全然是一个主体或主宰的角色。那句"除了上帝，任何人都必须用数据来说话"的名言，应当是对大数据神奇功能的最经典表达。在这里，人，已经退居次位了。

那么，大数据究竟是人类的工具，还是主宰？如果只是工具，我们只需要回答工具运用的利弊和风险；但如果超出了工具的范畴，整个人类社会便都在大数据的幽灵管控之下，那将是什么样的场景？

万能的大数据？

记得有这样的说法，历史是不可能的。意思是说，人类社会要将自身全部的历史真实地记录下来，没有可能性。这是因为，每个人都是人类的一部分，每个人每分每秒的活动，都是人类历史的一部分，当且仅当这些活动被完整地记录时，人类真正的历史才得以存在下来。现在我们看到的"通史""专门史"之类，即使认定它们真实，也只是人类历史极少部分的记录。就在此时，我一边思考，一边用文字组成文本，却没有谁为我记录。历史，真的不可能。

经验告诉我们，管理是不可能的。现代社会，将一个组织内部自然分裂为管理者和被管理者。不论管理者使用何种监督、管理、控制、激励、评估和考核等方法，他根本不可能使被管理者每分每秒都严格服从管理者的要求。因为管理者根本不可能完全掌握被管理者每分每秒的活动情况。看看你所在的组织吧，管理者是不是常常因为被管理者"不听话"却又束手无策而头痛？必须承认，管理，也是不可能的。

历史和管理不可能，预测未来就更不可能了。明天股票市场的走势如何？2016年巴西奥运会上哪支队伍将问鼎足球冠军？谁将赢得下一届美国总统的选举？尽管人们乐此不疲地预测这、预测那，用尽了参数、算法、模型，最后却从未有过"一致的"预测结论。就是"预测准确"者，事实证明也大多不过是运气加猜测。当然，有另外一种情况，"如果你要准确地预测未来，你必须制造未来"。原来一些预测准确者，玩了个事先猫腻，做了一个未来确定的"局"，再来"预测"。国际上某些金融大鳄就有过这样的"能力"，他们操纵市场后，"准确预测"了市场走势，用谋财害市的恶行，实则诠释了预测的不可能。

就在我们将如此"不可能"演进到更为广泛的领域时，大数据来了。

所谓大数据，核心就是"量大"，或称全量数据。既然全量，数据就是混杂的，不精确，也不需要精确，有可计量和可计算的，也有不可计量和不可计算的。正因为如此，以往关于数据之间的"因果关系"，在大数据时代就只存在"相互关系"了——你不需要由部分去推测全部，全部都可视或都可掌握。举例说，当年"泰坦尼克号"撞上了冰山，船长能够看到的，只是冰山一角；他只能通过这一角冰体，去推测整个冰山的大小，建立海面上可见部分和海里不可见部分之间的"因果关联"。如此认知冰山，具有极大的盲目性。结果，悲剧发生了。

如果能够掌握整个冰山大小和运动的全部状况，船长就会避开冰山。冰山大数据在此给予船长决策的信息，完备到了没有丝毫遗漏，不需要任何推测，当然就不需要任何参数、算法和模型了。可见的一切，决定了可控的完美。

但是，人类有如此的可能，记录和保存下来全部关于自然和人类社会的大数据吗？撇开几千年历史没有记录下来的信息，就是当下的时代，我们能够记录和保存全部的数据吗？

我们注意到，许多学者对于巨量的现代信息记录和储存有足够的信心。特别是，对于人类活动所有信息的自动记录，以传感器为代表的科技手段显示出了强大的功效；甚至，关于人类大脑记忆、思维活动和逻辑预测，这些看不见的存在，随着脑科学和信息科学的进一步发展，也将被记录、可视化和可掌握。大数据就将是"大全"无疑了。

这样，我在此时的写作，很可能就被身边无所不在的传感器所记录，并传递至某个存储中心。相应而来的，就是管理者能够十分清楚被管理者分分秒秒的言行，管理轻车熟路。至于预测未来，再也不能称之为"预测"，因为将要发生和出现的事项，由于自然和人类社会的全量数据，包括人们脑子里想要做的，都已经确定存在了。你要问明天的股市走势？好，所有投资者的想法都已经被清楚掌握，是涨是跌完全确定。这与其说是预测明天，不如说是今天决定明天。

这是一幅奇妙诱人的画卷。然而，基于其中人类生活逻辑的缺失，我们只能认为这是现代人类思维创造出来的新型"乌托邦"。要知道，不论是记录、整理、分析全量的数据，还是由这些数据演化出判断或结论，都是需要耗费资源的。而且，数据越大，耗费的资源也就越多。在人类生存的地球上，不可能有足够多还能再生的资源支持日益增长的大数据。至少，这个问题的答案是不确定的。这正如地球资源无法支持无限扩展的人类数量一样。因此，再大的大数据，也无法尽收自然和人类社会全部的存在和活动内容。

更为重要的在于，大数据不可能仅仅由机器设备自身运转来实现其功效，总是要有人的介入或至少是协调，拟或是管控。人的非机器属性，决定了有人在的大数据必定有不确定的"人为"因素。管理也好，预测也罢，依据于"人在"的不确定数据，就难得有完全正确并精确的管理方略，更谈不到将明天未定的格局确定在今天了。

如果我们被大数据主宰

与他种工具相比，由于不断进步的储存、移动和网络技术，大数据工具很容易被提升到更高层级，大有"超级工具"的意味。这种进阶，常常让人的思维走得更远，大数据似乎有对其他工具的取代功能，甚至有超越工具的功能。这不只是刀叉或筷子对于人手抓食的取代，还有刀叉或筷子对于传统抓食文化的摧毁。本来，这种摧毁表明，进食新文化将逐渐形成和发育起来，代替手抓食文化；却由于刀叉或筷子的功能过于强大，工具的属性就被突出化或是神化——工具的技术规定，似乎就是新的进食文化本身了。有些作者言说的大数据，就有这样的超越式效能。显然，我们无法认同。

从人类社会发展史来看，技术、制度（包括组织和规则）和道德理念（或文化价值意识形态）是三个不可或缺又不可相互替代的社会要素。这三种要素，都是由人类自我创造、变革和积累起来的。相对于人的主体地位，它们都是工具性质的，是从属性的存在。当技术进阶特别是出现突变时，既存的制度和道德理念就将受到巨大的冲击，从而产生制度和道德理念变革的需要。通常的结果是，基于技术进阶的直观、直接进步性，适应性的新制度和道德理念就将逐渐形成，一个新的技术、制度和道德融合的时代就会到来。

有点可悲的是，人们常常忽略了另外的一面：技术进阶或变化并非必定、长久和全面地意味人类社会的进步，制度和道德要素经常会反过来，抑制、协调甚至取消某些技术的进阶。在这种意义上，可以说，几千年的人类文明史，就是这样"三大要素"不断变化、影响和组合的历史。

让我们看一个生活案例，那是城市的十字路口。

在我儿时的记忆里，一些城市的十字路口，是没有指挥交通的警察和红绿灯的。那时人少车少，无需路口的管控。在繁华的十字路口，则有挥动红白小棒的警察。后来，几近所有的路口，都装配上了红绿灯。再后来，许多路口又安装了可视的"探头"。管控的工具，从无到有，从简到繁，从人直接指挥到机器协助控制，标示了时代的技术进阶。然而，红白小棒被红绿灯及"探头"代替，管控者并未由人变成机器。人还是管控者。相应地，由人管控的制度仍在。

对于通过路口的驾车者和行人而言，历史的变迁，并没有改变他们必须遵循的通行规则和道德要求，改变的只是他们行事的具体方式。在路口没有管控时，通行者遵循某种"自然规则"和"自发德行"，如靠右通行，礼让他人；在有人指挥或是红绿灯管控时，服从指挥或遵循"红灯停、绿灯行"的制度规则；"探头"则是一种支持性的技术工具，用以提醒或是警示通行者，遵守路口规则及共认的道德。在这里，工具的进步，根本无法取代通行者的制度意识和道德感觉，更谈不到工具可以取代制度和道德本身了。

如果我们将路口管控工具的进阶神化，如认定"探头"类可视设备的全面运用，可以自行监视路口通行，并通过通行过程的大数据，指挥通行者安全顺畅地通过路口，从而消灭通行的制度和通行者的道德感觉，那么，我们就会在技术进阶中，产生某种奇特认知——机器将代替人。就这样，机器在神化中被主体化，技术在夸张中被霸权化，而制度和道德意识则退却得不知去向。恰恰是后者的退位，人的主体地位被挤了出去。

时下关于大数据作用的突出化或神化意味，是相当浓厚的。当我读完那些故事生动、激情四射的作品时，也一时笃信这个新鲜的造物，不只是一种新的技术工具，更有那跨越疆界，取制度和道德意识而代之的功用。如此逻辑再往前走一步，那就是取代人的主体地位了——大数据时代的全面到来，人的主体地位终结。

想象一下那种逻辑达到的巅峰。

当大数据大到完全无遗漏地记录人类社会所有个体、在所有地方和所有时间里的言行，并可以自动分析和掌握所有个体的言行规律、习惯，甚至偶然的例外时，每一个人便都被完全地"数据化"，以往定义的"自然人""经济人"等，就被"数据人"所替代；同时，储存、传递和使用数据的技术手段日新月异，数据越来越失去其私密控制的可能，每个人不只是"数据化"，还被"透明化"。例如，现在的"人肉搜索"，未来就会为"透明人展示"所取代。大数据能够达到的巅峰，就是如此"透明数据人"的出现。这意味着什么呢？

当你清楚，在通过路口时，你的言行都被"探头"等工具"数据化"而完全"透明"在公众面前时，你便会自动地服从路口通行的规则。所有通行者都是如此时，路口便展示出机器对于人的管控特征来：人人都听机器的。人在此时，似乎不再自我、自在和自由，只有对于机器设定流程和技术标准的完全、绝对和终极服从。如果有"出格"言行，因"数据"完整，又透明公开，你将受到惩罚。可见，"透明数据人"的第一意味，就是服从机器或是技术工具。人，屈从在自己的创造物面前。

进一步看，基于全量数据和全透明，人性中的三大"恶"，即贪婪、懒惰和恐惧，就会受到极端性的抑制，甚至被消灭。既然你的一切都"数据"化和"透明"，那些"见不得人"的东西，就不会让其见人了。人皆如此，这个世界就不仅没有见不得人的东西，连相关的想法都没有了，人性里的"恶"就此消失殆尽。那是一个多么简单和谐的世界！

与"恶"相对应的，是人性中的同情、怜悯、关爱等"善"。当"恶"消失时，"善"因为缺乏"恶"的对比，自然地平常化，其"善"的程度也必定日益淡化，最后成为日常言行而社会性地被漠视，至少不会被突出、敬重和褒扬。这样的"善"，与其说是"善"，不如说是常态更为贴切。"善"一旦成为常态，便不需要张扬、鼓励和推动。在这一点上看，人性实则已无善恶，事物完全去是非。

再往前行，组织、制度、道德和价值观，还有宗教理念等，这些基于人性的"善恶"复杂结构而形成的社会历史形态，就没有必要存在。当路口人人都基于大数据而完全无误地遵循规则通行时，监督的交警和处罚或褒奖的机构都是不必要的，相应的制度也多余。就是那些所谓的道德要求和理念，大数据加透明化，人们不再以道德的良好感知为驱动去守则，守则成了固化行为，道德等意识形态类的东西还能够存在吗？

这是大数据时代，还是大数据统治人的时代？在巅峰的想象里，当然是后者。人一旦被外在物统治，不论这种外在物是人类自己创造的，还是大自然生成的，它们都将抑制人的主动性，将人归化到机械性的生存和生活轨道中去，一直演化到最后彻底地剥夺人的主体性。那个场景，人不再是人，只是机器的服从者；甚至，人也由于机械性替代了天然的自我、自在和自由特性，成了机器世界里的一员。人类无需去发明创造"机器人"，自身已经变化成了机器人。人终结了，人类社会也终结了。

人类一思考，上帝就发笑。这也未免太耸人听闻了。但我必须说，当你细心读几本传播颇广的大数据作品，你就很可能走入上面的逻辑通道，除非你停留在大数据故事的层面，不展开思维地前行。

人之所以为人，在于人性有别于世间他类存在物的本质。这一点表明，人性不可更改，人的主体性也不会变化。虽然如此，人类历史的经历表明，人性和人的主体性是一直受到自然、人类社会自身和人的创造物的限制、冲击和挑战的，不时的、局部的人性丧失和主体性疑惑与徘徊，都是存在的。为什么在人类社会思想和实践的长河里，追求人的自我、自在和自由的声音，至今不绝于耳，就在于人性和人的主体性一直都处在存在和反存在的对抗之中。许多思想家甚至认为，在这种存在和反存在的过程中，保有人性和人的主体性，就是人类的基本使命。在我看来，这一使命，至今未见得有丝毫的变化。

众所周知，改造世界和创造世界，是人类赢得主体性存在的途径。人们希冀，在这一过程中，获得最大限度的人的解放。不幸的是，人类的确改造又创造了世界，却常常受到自身创造物的束缚和统治。这也就是许多思想家都指出过的"异化"——人的主体性被自己的创造物所统摄，解放自己的过程却时常被自己的创造物剥夺了自我。最经典的例子，就是人类创造了"货币"，带来了经济交往便利，使人类获得了一种经济自由。悲哀的是，人类时常是货币的奴隶。

大数据，这个人类最新的大创造，无论如何看待它的巨大功用，它与货币类创造，没有什么不同，也只是一种人类的造物。既然只是为人使用的技术工具，就不应当成为统治人的主体，事实上也成不了统治主体。

"伊卡洛斯悲剧"和"大数据霸权"

人类的悲喜剧总是交替上演的。终极而言，人类并不会被大数据类技术工具所主宰，但过于相信技术工具而导演的悲剧，真没有少出现。希腊神话里的"伊卡洛斯悲剧"，就是人类此种悲剧的写照。那位叫伊卡洛斯的孩子，用羽毛和蜡制造的双翼飞行时，没有听从父亲代达罗斯的警示，过于相信双翼，越飞越高，结果蜡被太阳熔化，双翼脱落，坠海身亡。这一悲剧告诉我们，工具是有用的，但它也是有局限性的。如果我们夸大甚至神化某种工具的作用，结果就很可能是一个悲剧。

大数据当然是有用的工具。虽然说，它并不可能让"历史可能"，却的确让"许多的历史成为可能"，也的确让"许多的管理成为可能"，并大大提高了预测未来的水准。同样，大数据并不可能消除"因果分析方法"，但的确省略了大量的因果分析，还为复杂的因果分析提供了厚实的基础。重要的是，许多自然、社会和经济等风险，通过大数据，可以得到更为确定的掌控。在这个意义上讲，大数据时代里，不会很好运用它的个人，必定落后；不会很好运用它的机构，必定会被淘汰；而不会很好运用它的国家或民族，将必定处处被动。

再有用的工具，也只是工具。应当清楚，作为工具的大数据，自身并无所谓利弊。它的利弊，完全产生于人们对它的认知和使用。在这里，认知是第一位的——正确或说有利地使用它，取决于明确、客观的认知。

是一种工具，就不可能万能。这一认知的价值，表现在重申人的主体性和人性本质的顽固上。或者说，只有人，才是"万能的"。在使用的层面上，基于大数据工具的非万能性，人就应当也必须主动、积极和智慧地运用大数据，来造福于人类社会；同时，清楚大数据的工具局限，以人的自我主体觉醒，努力地弃"恶"从"善"，而不是仅仅寄望和依赖于大数据类工具，试图通过消灭人的主体性来消除人性中的"恶"。

是一种技术工具，就还需要其他的工具，共同服务于人类社会。如组织、制度、道德和信仰等，都是服务于人的工具，大数据只是"工具箱"中的一种，它并没有对于其他工具的取代功能。必须承认，在一定的历史环境下，由于人类面对的主要问题不同，"工具箱"中的一种或多种，通常会表现出突出的效能，也就常常会被推举到相对重要的位置。但是，重要却不是替代一切工具的理由。更何况，今天处于重要位置的工具，明天或许就将退居次位，毕竟人类社会需要不同的主要工具，面对变化多端的外面世界。当我们听到"依法治国"或"以德治国"之声时，须知外部世界不时地需要变动"法"和"德"为主的工具，去解决这样或那样的问题。

不难看出，时下对于大数据功能过大的渲染，大有培育和强化一种"大数据霸权"或"技术霸权"理念的味道，推崇技术至上的社会生存和生活模式，淡漠并弱化社会组织、制度、法律、道德等他类工具，使得社会各种管理畸重于技术工具。如果不过于较真，从大数据推演来看，现在我们的社会，有了某种"技术霸权"的特征。人们在遇到各种问题时，首先和最后想到与采取的策略，绝大部分是技术性的。看看现代城市里几近全覆盖的"探头"监视，比较曾经"夜不闭户""路不拾遗"的人们内心道德约束，当下社会管理工具的"技术性"展露无遗。

那么，这种"技术霸权"会带给我们什么呢？

一方面，"技术霸权"强烈地忽略人的主体性，忽略人的主体性对于自我人性中"恶"的抑制，必将加大社会问题的冲突程度，加大社会管理成本，甚至引发巨大的社会对抗。试想，当技术至上成为社会普遍的行为驱动意识时，人们就都会以追求技术工具的执掌和使用为常态，淡化人自我的内心约束。一旦人性中的"恶"没有了自我主体性的抑制，如法律意识的内化、道德感觉和信仰要求，技术工具竞争和对抗中的人性"恶"就将极端化，进而逼迫更为强大的技术工具出现、争夺和争斗，社会问题更趋严重，管理难度和成本巨量增加。如当下网络世界里的病毒和反病毒，信息的盗窃和反盗窃，就是"技术霸权"问题最为生动的例子。

另一方面，"技术霸权"下对于其他工具的漠视和削弱，加重了人性"恶"的放纵。包括技术工具在内的"工具箱"，虽然都是由人创造出来的，但它们对于人性中的"恶"是有一定的外在抑制力的。有些工具，还是就人性之"恶"而创设出来的。大数据基于它"全量"加"透明"，有助于扬善止恶。然而，单一的技术工具，根本无法发挥较为理想的抑制作用。这是因为，"技术霸权"理念的普遍化，人们相信，技术工具的抑制，一定会有相应的反抑制技术工具出现；与此同时，制度和道德等工具的失位，让这种技术性反抑制能够轻而易举地实现。当行车人用高新技术手段遮住了车牌，让"探头"照不到时，其违规行为就有了"道高一尺，魔高一丈"的意味，而制度处罚和道德谴责的空缺，无疑会助长人们与"探头"对抗的"恶"行。

令人担忧的是，大数据正在向如此的"技术霸权"行进，懂它和不懂它的人们，都在试图"抢占"大数据的制高点，努力去获得那种技术神奇。如果说，获取"霸权"，不是用来管控、对抗他人而是造福于社会，那么，这种"抢占"就是人类社会的福音。可怕的是，过于推崇大数据的"技术霸权"本身，就意味着人的主体性削弱，意味人主体对人性之"恶"强力抑制的失位。"抢占"不过是谋取权威和利益的别名，这和人类历史上推崇货币的神奇，结果引出你死我活的货币争斗一样。而且，人创造出来的组织、制度、道德和信仰类的力量，也由于大数据"万能"神奇的过度张扬，不得不退避三舍。一旦遇到有人用大数据来"作恶"时，人们对付其的策略，也只会在大数据类的技术世界里寻找，企望用一种新的技术霸权，对付强大的"作恶"工具。我们真有点如同伊卡洛斯，已经用大数据的双翼开始起飞，而且感觉似乎越来越妙。

当然，现实也在给予我们明确的警示。人们不仅发现，真正完全无漏的"全量数据"根本无法获取，也就无法由其来掌控外部世界，更无法用"确定"代替预测；而且发现，谁来使用大数据，成了关键的问题。这如同当年居里夫人发现了镭一样，使用者的不同，决定了对人类意义的完全不同，或是用镭治疗人类疾病，或是用镭制造杀人武器。这也如同在"伊卡洛斯悲剧"里，儿子和父亲使用人造双翼飞行的结果不同一样。

说到这里，我们又回到人的主体性。镭也好，人造双翼也罢，还有大数据，最终决定它们"能"或"不能"、"如何能"或"如何不能"的根本的因素，是人，而不是这些被发现、创造或是积累的外在物自身。在这变化无穷的世界里，人类不可能不迷茫，有时甚至迷失，但时刻记住人的主体性，认清大数据类工具的属性，我们就不会"迷"得过久、过深。

我想在此再次推荐英国学者维克托·迈尔-舍恩伯格等著的《大数据时代》一书。作者在预言大数据带来巨大冲击的同时，敏锐地提示了过于依赖大数据，将对人的主体性造成伤害。就这一点，称这些作者为大数据时代的"代达罗斯"应不为过。

2015 年 6 月 7 日　星期日　修改定稿

（原载《书屋》2015 年第 12 期）

我们需要什么样的繁荣？

● 我们是幸运的。各种不同的经济理论和政策有
"主流"和"非主流"之分，但"主流"从未完
全彻底地消灭过"非主流"，它们共同造就了市
场经济体系里相对多元和丰富的经济行为，避
免了社会整体经济行为的高度一致性，因而繁
荣不是极端性的，萧条也不是毁灭性的。

弗里德曼的"如果"和罗斯巴德的"假若"

将货币主义代表人物弗里德曼的《美国货币史
（1867—1960）》和奥地利学派的杰出代表罗斯巴德的
《美国大萧条》一起阅读，是件富于挑战性的事情。两部
著作在 20 世纪 20 年代末 30 年代初的"经济大萧条"问
题上，给出了完全不同的原因解说，更有大相径庭的治
疗药方，让人十足地体味了思想的奇异。挑战在于，两
者之间，你似乎只能选择站队，要么是货币主义者，要
么是奥地利学派中人——两者大有水火之意，你能站立

在水火交融处吗？

弗里德曼认为，20世纪20年代，美联储真正开始有权操作货币政策。虽然是探索前行，除了年代之初货币紧缩小伤了经济，多数年头，货币供应得当，美国经济平稳健康，享有了一个繁荣期。直到1928年，美联储担心股市过度繁荣，开始紧缩货币，带来了经济下滑。要命的是，本当由此宽松货币，但从1929年到1933年，美国的货币供应量却下降了三分之一，货币紧缩成为大萧条的直接原因。结论就是：如果当时货币放松，大萧条就可以避免；如果未来再出现类似灾难，货币宽松就是唯一选择；如果货币政策操控自如，我们就不会出现萧条。

与弗里德曼看法完全相反，罗斯巴德认定那次大萧条，就是1921年至1929年货币过度扩张带来的。在这个繁荣期内，货币供应增加了61.8%，平均每年增长7.7%，这是非常大的增幅。奥地利学派认为，在市场经济里，只存在商业波动，不存在商业周期。因为面对不同时间、地点、行业、产品，不同的生产者和消费者，不会在市场里一致性地行动，例如夏季人们只会更多生产和消费西瓜，不会更多生产和消费棉衣，如果没有"外力"，西瓜和棉衣的季节性波动，不可能"共振"为同一周期。但若货币过度扩张，钱来得容易，便会导致信贷和投资"不当"，人们扭曲生产和消费行为，季节等因素消失，西瓜和棉衣就可能"共振"到一起了。20年代那个繁荣期，就是货币过量的"外力"制造的"共振"时期。结果，人造的大萧条在年代之末如期而至。

罗斯巴德并未停止在1929年，他对随后美联储在萧条中的对策解说，更是惊世骇俗。他认为，20年代早中期的人造繁荣引致的大萧条，一定会在货币自动紧缩中较快地结束。不幸的是，美联储采取了扩张性的货币政策，增加基础货币供应，并多次降低利率水平，这加深了萧条深度。所幸的是，由于民众对银行危机担忧，手持现金大大增加；而商业银行对经济状况害怕，不愿意贷款。结果，基础货币虽然增加，但部分回到了银行，部分握在民众之手，并没有带来货币供应实际的大增长，让这次大萧条还不至于旷日持久。罗斯巴德的结论是这样的：假若没有20年代早中期的人造繁荣，就没有后来的大萧条；假若萧条出现之后，美联储听之任之，任由货币自动紧缩而不是再扩张，萧条就会迅速解除；假若不通过货币扩张去制造繁荣，市场经济里根本就没有萧条存在。

说不清是有幸还是不幸，那次巨大的经济灾难之后，市场经济国家的货币政策主要是扩张性的。特别是当经济或金融危机到来时，"大放水"宽松货币基本是不二选择，以至于，当今世界主要市场经济体，已经是货币存量巨大，利率水平则接近于零。由此来看，货币主义的理论是在实践中占了上风的。弗里德曼在《美国货币史》里对"大萧条"总结的只是一段货币历史，张扬的只是一种货币学说，却似乎宣告了所有其他货币理论的终结。

形成鲜明对照的是，罗斯巴德对于大萧条的惊世之论，并未演化成为实际的货币政策。然而，它却在一次又一次的"繁荣—衰退"商业周期中，得到了某种印证。尤其是 2008 年美国爆发的严重金融危机，联想之前美联储宽松的货币政策制造出来的信息技术繁荣、房地产繁荣和金融衍生业繁荣，大有落到了罗斯巴德"周期陷阱"之中的意味。虽然没有成为或进入主流，虽然不要美联储这只"看得见的手"干预的建议未能成为现实，但这么多年的"冷落"，让其萧条理论只用来评价货币主义政策的对错，却无进入实际生活的是非，独自享有了理论和逻辑的熠熠光辉。这，也说不清是有幸还是不幸。

一个是主流理论和政策依据，经历了历史检验，不只是带来了繁荣，或许还带来了灾难，又试图战胜灾难；一个是检验学说和评判工具，未曾进入历史现实，不知能够带给历史什么，或繁荣，或平庸，或灾难；一个极力推崇货币领域里"看得见的手"的作用，一个彻底反对货币当局的干预，主张让市场那只真正"看不见的手"来运作——对这两者，我们其实无法简单认同或是反对。以"现实社会不可能完美"的绝对性来判断，货币主义的实践没有带来完美，并不意味实施奥地利学派的建议就一定能够带来完美；换言之，货币主义政策的实施带来了这样的问题，奥地利学派的政策运用则可能带来那样的问题。实际上，弗里德曼的"如果"也好，罗斯巴德的"假若"也罢，我们都没有办法去完全证实或证伪。

有趣的是，不论是弗里德曼，还是罗斯巴德，他们都认为，20年代的早中期是美国经济的"繁荣期"；而且，他们也都认为，这种繁荣，就是货币扩张带来的。两者的严重分歧在于，弗里德曼坚持要这种繁荣，并希望未来通过货币扩张持续这种繁荣；罗斯巴德则坚持要放弃这种繁荣，且告诫社会未来不要通过货币扩张人为地再造如此繁荣。由此，我们便从简单的站队选择，转向了如此之问：我们到底要不要这样的繁荣？进一步说，我们需要什么样的繁荣？

波动性繁荣，还是萧条性繁荣

说到繁荣，一般地认为是好事。但如果将繁荣与关联的因素挂钩，人们的看法就会复杂起来。关联时间，繁荣可以分为短期繁荣和长期繁荣；关联程度，繁荣则有适度和过度之说；当关联人、自然和社会时，人与自然、人与社会以及人与自己内心和谐的繁荣是一种，不和谐或是矛盾、对立甚至冲突的是另一种。毫无疑问，社会普遍的期望，是长期、适度与和谐的繁荣。

然而，从历史来看，人们很难把控繁荣在关联时间、程度和人、自然与社会关系上的"度"。见仁见智者，多多是也，各不退让，以至于学派林立、理论缤纷，政策主张更是南辕北辙。如果没有对于某种学派或理论的坚定信仰，我们很容易陷入迷茫，分不大清楚对错，也断不明了是非。在上面的繁荣问题提出后，若只就问题本身去寻找答案，其难度不亚于普通人攀登珠穆朗玛峰。

好在弗里德曼和罗斯巴德，他们尚有共性的地方。这就是，他们都痛恨萧条或经济危机，并都试图解决萧条问题。在这一点上，两者的区别，是手段上的，而不是目标上的。如果说，某种繁荣会引发、助推和加深萧条，那么，这种繁荣就是必须抛弃的。相应地，制造出这种繁荣的手段，也是必须加以管控或是丢弃的。在寻找繁荣答案的路上，我们有了一种选择的标准。

由于自然、社会和人的活动等多种客观性原因，经济或商业的波动是种天然的存在，前面谈及的棉衣、西瓜的生产和消费在不同季节之间的波动，就是经典案例。在这样的波动之中，若经济总量增加较多，市场交易活跃，生产和消费两旺，就业较为充分，那么，如此之繁荣，也是自然而然的事情，因为没有人为的干预在内，我们称之为"波动性繁荣"。其中"波动性"，既表明繁荣本质上的客观性，也表明繁荣形式上的丰富性——它并非直线形态，也有上下起伏。这是奥地利学派所推崇的繁荣，也是货币主义理论等主流学说不存在异议的状态。

当这样的波动，加入了某些外力，有了"共振"，从而造成了全局性的经济或商业大起大落时，那个"大落"的阶段，就是萧条或危机；相应地，引起"大落"而来的"大起"式繁荣，就一定是"萧条性繁荣"了。这如同钟摆，向一边摆动的幅度越大，回位到另一边的幅度也就相应地越大。通常而言，"大起"时的繁荣，人们是能够感受到的，如经济总量快速增长，商品和劳务市场活跃空前，资本市场持续暴涨，生产能力大幅增加，收入水平迅速提高，等等，但人们很少会在这样的繁荣期，预想"大落"时的萧条到来——尽情地享受高度的繁荣而不忧虑未来，叠加性地助推了繁荣的高度，更是预埋下了萧条的深度。从这个视角看，"萧条性繁荣"是对"波动性繁荣"的一种强力扭曲。

奥地利学派是坚决反对这种繁荣的，更是反对造成这种繁荣的"外力"的。货币主义虽然认为，萧条并不一定与前期的繁荣相关，但对于"萧条—繁荣—萧条"的商业周期的认可，以及对过度繁荣时必须"紧缩货币"的政策主张，都暗含了萧条与前期繁荣的关联。因此，两种不同的理论，实质上都有"萧条性繁荣"的判定，也都有对这种繁荣管控的对策建议。只不过，一个明朗，一个隐蔽；一个除草务尽，一个有所保留罢了。

由"萧条性繁荣"回溯过去，制造"繁荣"的货币扩张"外力"，就逻辑十足地走到了我们面前。货币扩张可以带来繁荣，什么样的货币扩张又会带来繁荣后的萧条呢？为了避免萧条，什么样的货币政策应当坚持，什么样的货币政策又应当放弃呢？

奥地利学派认为任何货币扩张带来的繁荣，都会引致萧条，其政策建议，就是货币当局不要进行任何形式的货币扩张。在现实格局之下，唯一能够控制货币当局行为的货币制度，就是金本位制。因受制于黄金的数量，货币当局无法自行决定发行超过黄金数量限制的"信用货币"，货币的扩张就被天然地管控了。结果必定是，"萧条性繁荣"没有生成的"外力"；而一旦此等"繁荣"没有，萧条自然也就不会有。可见，在罗斯巴德们的眼里，自然边界的限制，永远要强于人类自我的管控，哪怕人有自造的规则，哪怕人有信誓旦旦的信仰。

货币主义一般地认为，货币扩张不是带来"萧条性繁荣"的力量，但对于过度的货币扩张，也是持反对态度的。弗里德曼曾经就货币供应量的增长和经济增长之间的关系，进行过关联性研究，并且设置了两者之间的数字比率关系，确立了"繁荣"的边界。按其观点，凡是在这样边界之内的货币扩张，就是合理的；相反，则为不合理。相应地，弗里德曼是明确反对货币金本位制度的，认为此制度与现代经济体系无法契合，黄金数量的限制，决定了它作为货币，会掣肘经济的发展。在这里，弗里德曼试图完成一项人类社会的巨大工程——建造一个货币供应适度、永远没有萧条的"繁荣"世界。

人类社会的悲情常常在于，理论和逻辑上的完美，要么没有或是无法演化到现实生活中去；要么演化进去了，却是不那么完美，甚至很不完美。在"繁荣"问题上，奥地利学派和货币主义理论联手，又一次上演了这种悲情之剧。奥地利学派的理论，未能付诸实际，金本位早已成为历史，回归金本位之声也弱不禁风，现在的货币制度完全没有了自然限制，各国中央银行实际上都是"印钞机器"；货币主义的理论，虽然活跃在货币当局的政策操作之中，但我们没有看到弗里德曼的理想成为现实，货币扩张带来了一些繁荣，与此同时，危机也一直伴随我们，或许还将与我们共赴未来。

在这样的悲情格局面前，我们所能够做的，其实非常有限。那就是，结合不同的学派、理论观点，对照现实的经济生活，综合出某种相对合理的社会生活指导理念来。

既然奥地利学派相信自然边界胜过人之管控，而自然边界又无法在现实生活中存续（金本位制）；既然货币主义相信人的管控能力，而现实生活则告诉我们，人设置的"边界"其实没有边界，从而时常失控（现代货币制度），那么，综合两者来看，我们较容易衍生出这样的结论来：一是超过一般"商业波动"的"商业周期"，是一定会存在的，因为现实总会有人为的因素存在，货币总会有不当的扩张，进而扭动出商业活动的"共振"来；二是"商业周期"的起伏幅度，也一定会有"大起大落"的情形出现，因为人为的货币"外力"难以为人自身管控，"萧条性繁荣"不可能从现实生活中消失；三是自然边界虽然不能实在地存活于经济生活之中，但它是一种绝对的、终极性的、合理的准则，至少应当存活于人们的头脑之中，成为重要的参照标准，辅助人们改善对现代货币制度的管控。

说到这里，"波动性繁荣"只可能是一种理论的存在，一种近似于乌托邦的境界，它的全部意义，就在于以其不可实现的理论和逻辑完美，提示、警醒并引导现实生活中

"萧条性繁荣"向某种"度"靠近。而这个"度"的形成，应当以金本位的自然限制为基本底线或理想边界，结合弗里德曼的货币管控制度理念，赋予现代货币制度一种自然与历史结合起来的"锚"，以形成相对合理的货币供应，让每次的"繁荣"不至于过度太盛，避免带来后续巨幅的坠落，形成久久不能自拔的大萧条。

因此，我们需要的"繁荣"，或说现实可能的"繁荣"，应当是介于"波动性繁荣"和"萧条性繁荣"之间的状态；而造就这种"繁荣"的货币扩张制度或政策，则应当是有金本位制的"影子边界"参照，又基于经济生活的现实需要的。显而易见，这是一种明确却不精确的货币政策选择，它仍然无法避免"萧条性繁荣"和萧条的到来，但它有助于减少波动的频度和每次波动的幅度，让人类社会在现实的历史阶段里，不至于遭受自我管控过弱而带来的巨大灾难。必须看到的是，我们根本找不到奥地利学派"波动性繁荣"的世界，也找不到弗里德曼理想中人控合理的状况。我们的现实世界，是人希望可以控制，却又时常难以控制的，若能够尽量减少波动次数特别是每次波动的幅度，就是现实最佳的选择了。

回过头来看，20 世纪 20 年代的"繁荣"和后来的大萧条，我们仍然不好清楚地明辨奥地利学派和货币主义争论的是是非非。然而，那个大萧条是实实在在的，我们不能说，它与萧条之前期的"繁荣"和造就"繁荣"的货币扩张，完全没有关系；我们也不能说，在萧条时，"看得见的手"进行货币扩张就完全不对；我们还不能说，"看不见的手"即市场自身就一定会自动调节得完善到位。我们只能说，从两者的争论里，我们获取了多元的理论和逻辑，它们有助于我们更好地认知这个世界，也有助于我们更好地认知我们自己。当然，还有助于我们更好地在这个世界里生存和发展。如果将奥地利学派和货币主义看成一根端线的两极，最好或最后的理论倾向和政策选择，应当就落在两端之间——或许偏向某端，但不是在任何一极的端点上。

繁荣的选择和选择的繁荣

在弗里德曼和罗斯巴德的理论学说里，繁荣是可以选择的。这如同两种不同物品的选择，择其一，便要放弃他者。货币主义的选择，就是通过货币扩张和管控去制造繁荣；奥地利学派的选择，则是不要货币的人为扩张和管控，让自由市场体系自我运行去衍生繁荣。然而，实际的情况是如此的吗？

在市场经济的历史中，这种繁荣的选择，从来就没有得到过纯粹、清晰和完整的演示。从金本位制，到它的基本退位，再到现代中央银行货币制度的完全替代，以及相伴随的经济繁荣、萧条或商业周期起伏，里面有货币主义的政策主张，也有其他理论学说（如凯恩斯主义）的成分。即使是没有"入流"的奥地利学派，并非在繁荣和萧条的历史里无影无踪，它的思想是时隐时现的，有其功用，尽管那是碎片式的。

从这个视角来看，繁荣也好，萧条也罢，还有与此关联的货币政策，与其说它们是人类社会根据某种思想或理论主动选择而来，不如说，是社会各种思想理念、各种政策主张，以及各种自然、社会和经济运动，相互竞争、相互补充、相互平衡共同作用导致的。只不过，各种因素的分量有大有小，影响时间有长有短，形成效果有轻有重而已。

反过来说，如果一个市场经济体系，只是由某种理论和政策唯一地、绝对地、终极地统辖，毫无疑问，人们就将不用选择、不愿选择或是不能选择，进而形成整个社会人们经济行为的高度一致。市场经济理论和市场生活实践都表明，"高度一致"的行为，是市场经济的死敌，它要么极端性地助推经济上升的幅度，制造惊天动地的"经济奇迹"；要么绝对性地坠入经济下行的深渊，砸出深不见底的"经济黑洞"。由此而来，一般性的经济周期便会为巨大无比的起伏震荡"共振"所替代。人类社会就将在这样的"共振"之中，失去和谐、失去平稳，最终失去管控。那是一幅多么可怕的图画。

我们是幸运的。虽然说，各种不同的经济理论和政策有"主流"和"非主流"之分，"主流"却从未完全彻底地消灭过"非主流"，它们共同造就了市场经济体系里相对多元和丰富的经济行为。这些不同行为之间的相互作用，避免了社会整体经济行为的高度一致性，繁荣不可能是极端性的，萧条也不可能是毁灭性的。而且，人类在市场经济里的行为越是多元和丰富，"高度一致"就越是难以形成，我们离那种"极端性繁荣"和"毁灭性萧条"就越发远些。

这样看来，人类社会经历过的繁荣和萧条，尽管有所谓的"大"和"小"之分，其中包括20世纪20年代早中期的繁荣，20年代末30年代初的"大萧条"，以及2008年爆发于美国的巨大金融危机以及之前的科技、房地产和金融繁荣等，可以说，相比于那种经济行为"高度一致"下可能的极度繁荣和灭顶灾难，它们应当是"小巫见大巫"——它们还是可控的。历史和现实表明，它们也被管控住了。可以肯定地说，人类社会在市场经济的体系里，是看不到那种终极的繁荣和萧条的。

因此，在货币主义和奥地利学派关于繁荣与萧条的问题上，更有价值的，不是断然地选定谁，丢弃谁，而是去发现历史过程中，两者各自的优势成分或真理元素，将其充分地展示在世界面前，让人类社会形成更为多元和丰富的选择空间，让人类更多的行为选择相互补充、相互掣肘、相互平抑甚至相互抵冲，进而引致相对平稳的社会发展轨迹。在这个意义上讲，选择的繁荣，才能赢得现实的繁荣，才能赢得可持续的繁荣，才能赢得真正理性的繁荣。在这里，选择的繁荣，比繁荣的选择更重要。

2015年12月20日　星期日　完稿

2016年1月1日　星期五　修改定稿

（原载《读书》2016年第3期）

聚沙成塔，塔成于沙

- "宏观"都是由"微观"集聚而成的，脱离微观说宏观，其论大多是无本之木或无源之水，如同见艺术的"沙石之塔"，只见"塔"，不见沙石，不能直接地揭示生活的真实基础和源泉。

- 不思宏观说微观，则常常会陷入只见树木不见森林之坑，微观的结论也价值贫乏，用处不大，犹似儿时踢倒"游戏塔"来还原沙或石，虽见真实，却无所创造。

小时候，在河滩玩耍时，常常将沙子聚拢起来，堆出一个个小沙塔。有时，也用大大小小的石块，搭起高高低低的石塔来。那时没有"作品"概念，完成的沙塔或石塔，大多最后一脚踢散了之，仿佛建构的目的，就是为了那过瘾的一脚。离开河滩时，通常不见塔存在——沙还原为沙，石还原为石。当然，来日我还可以再建，也还可以再踢而散之。

长大后，特别是成了"文化人"后，我去过一些美术馆或艺术走廊。"作品"的概念已经浸入骨髓。有趣的是，我看到过不少"抽象派"或不那么写实的美术作品，有的作品内容很像我小时候河边"修建"的沙塔或石塔。自然，那些"作品塔"姿态各异，栩栩如生，既让人感受到艺术的力量，又觉得它们与生活紧密牵连。因是完整的艺术作品，如果不扯烂画的底板，作品所表现出来的内容，总是一个整体。在那里，我不再能够看到沙，不再能够看到石，而只有塔。

由此而来，我产生了关于生活与作品的联想。在生活里，你既可以将沙或石做成塔，又可以将塔还原为沙或石，这时你非常清楚沙、石与整体塔的关系。艺术家们的"作品"，特别是抽象的"作品"呢？那里只是出现了整体的塔，你不可能清楚这塔究竟是由沙还是由石建构而成。或者说，你只能通过想象，来认定"作品塔"的成分里含有沙或石。

原来，生活可以建构整体，也可以毁灭或解构整体，它有着清晰可见的整体与构造成分的关系；艺术作品则常常在建构出整体时，建构的成分不再清晰，不再可辨。我由此得到结论：要真实地获得对世界整体与部分的理解，就要深入到现实生活中去，深入到部分与整体的建构"游戏"中去，那里真实而清晰地存在着整体与要素之间的关系。艺术家们的艺术作品，能够反映真实生活，却不是也不可能是生活本身，更不可能是生活本身的全部，它们很难既完整、全面、清晰地展示生活全部集合的整体，又明了生活的组成要素。一个合理的推论就是，仅仅通过"反映生活"的艺术作品，并不能够充分地认识生活。进而言之，若是仅以"作品"来认识生活，解释生活，甚至指导生活，那是很愚蠢的。

自打学了经济学，我时常犯些迷糊。

经济学有"宏观经济学"和"微观经济学"两个大类。教科书上说，宏观经济学研究整体的经济现象，如一国的经济增长，投资周期，货币和财政问题等；微观经济学则研究经济基本单位的经济现象，如公司组织及决策，个人经济行为等。有一种说法认为，宏观经济学是"经济学皇冠上的明珠"。之所以是"明珠"，因它可以抽象掉全部的微观基础或要素基础，是宏观经济学家们思维世界里抽象出来的"作品"，相比于微观经济学的研究成果要高出一等；尤为重要的在于，宏观经济学不必纠缠微观的基础或要素，仅用"宏观的"研究结论，便可认识、解释并指导宏观经济管理和社会经济活动。

从常识的角度，我一直以为，宏观现象，是由微观事项"聚拢"起来的，宏观与微观之间有着不可分割的整体与要素间的联系，因而，研究"宏观"当思考其"微观"基础，研究"微观"当推测"宏观"后果，"宏观"和"微观"之间的关系，已经确立了不同研究领域的同等重要地位，不同领域的经济学不应当有"明珠"与"非明珠"之分。同时，在经济学的研究中，也唯有强化"微观"与"宏观"的联系理解，并结合生活的真实现象，才可以很好地认识、解释和指导经济实践。

宏观经济学为"明珠"一说，让我觉得"宏观"与"微观"脱离了干系，我原有的想法一时间粉身碎骨。但是，"宏观"是如何而来的呢？从学理上，宏观经济学可以抽象掉微观的基础或要素，但它面对现实经济生活时，可以舍弃或不要微观的基础吗？如果舍弃或不要微观基础，宏观经济学能"有用"吗？时常，我对这类问题理不太清楚思路，迷糊就这样来了。

儿时聚沙成塔的游戏，长大后对"作品"的理解，是我迷糊云雾中的"一线阳光"。我拿着这样的儿时"生活游戏"与"艺术作品"对照，似乎突然清楚了宏观与微观两者之间的特殊关系，以及经济学分为宏观与微观研究领域的价值。就在这样的理解过程中，思路回归到常识之途，宏观经济学的"明珠"地位则被完全颠覆。

一般而言，"宏观"都是由"微观"集聚而成的，脱离微观说宏观，其论大多是无本之木或无源之水，如同见艺术的"沙石之塔"，只见"塔"，不见沙石，不能直接地揭示生活的真实基础和源泉；不思宏观说微观，则常常会陷入只见树木不见森林之坑，微观的结论也价值贫乏，用处不大，犹似儿时踢倒"游戏塔"来还原沙或石，虽见真实，却无所创造。故此，微观宏观，结合来观察、思考，虽可有侧重，但不断然割裂，方得要领，方得奥妙。

在某种意义上讲，经济学是研究经济生活的学问。这个定义的核心，在于经济学对于经济生活"真实性"的向往和理论结论"实用性"的诉求，那种认为经济学只是解释经济生活而无改造经济生活的功能，从而不会有也不应当有"实用价值"的观点，我是不赞同的。经济生活是属于个人、家庭、企业等社会组织的，也是属于地区、民族、国家、世界范围内的；经济生活可以有小小的基本单位，包括个人的运作形式，也可以是这些基本单位累积起来的巨大的集合整体。经济学分为微观研究领域和宏观研究领域，是清晰化研究对象来确立经济学"科学地位"的分类，也是对经济学"真实性"和"实用性"追求的基础——唯有这样，经济学才可能有重点地突出某个领域，并通过微观与宏观的分别研究，结合抽象的理念探求和实际生活的考证，科学而多视角地发现问题，理解背景，寻找原因并提供答案。

这有点如同"聚沙成塔"的游戏，"宏观"起来能见总量集合，一脚踢散又显"微观"成分，在看清两者是同体中整体与部分关系的同时，发现其中"宏观的"或"微观的"规律或是内在的本质关联。既然为经济科学研究需要和方便而来的分类，并没有分割也不能够分割宏观与微观之间的自然联系，那么，在两种经济学研究领域之间，只有强化联系的理解，我们才能认识真实世界的整体和结构，并积极地去改造真实世界。将宏观经济学冠以"明珠"，其潜台词置微观经济学于次要地位，这肯定是"宏观"造势者们的情绪所为，绝非科学结论，而非科学结论要在科学研究中存续，那是不可能的。

就真实生活而论，经济生活总是个别的、具体的、日常的，一句话，微观的。"宏观的"经济生活，其实并不存在，存在的只是人为聚合的东西。如一国的经济增长及周期，就是按照一定规则，加总一个国家一年所有的产品价值而形成总量，再计算年增长速度并连续展示开来得到的，生活里并不直接存在这样的总量和增长率，更不直接存在这样的经济周期。这与"聚沙成塔"的生活游戏是类似的：生活里只存在沙或石，"塔"是人做聚合沙石"游戏"的结果。不同的，一是这种"游戏"并非一个人可以完成，需要千千万万的人，或说需要假想一个超居于我们之上的"主体"来"聚合"完成；二是从事这种"游戏"的人们或假想"主体"，不可能再还原出微观活动的内容。因此，宏观经济学，不过是经济学家们在这样的经济活动量聚合之后，运用一定的方法对其进行总结、分析、判断和预测之后得到的"作品"。

毫无疑问，这样的宏观经济学"作品"，是人类思维的创造，是抽象的结果，值得极大热情地推崇，它使得我们对于经济世界里各种现象的认识，有了整体的把握，有了新的视角、新的方法、新的空间。这正如我在美术馆或艺术走廊里看到的艺术"塔"一样，我们可以从这样的"塔"，从另外的视角，以别样的眼光去认识真实的世界。不过，在这样的"作品"里，我们不大看得到聚合成宏观经济现象的基本成分了。

"看不到"与"不存在"，显然是完全不同的。宏观经济学不能因为人们不能直接感受微观和宏观的关系，就忽略两者之间的联系，进而忽略微观经济学对于宏观经济学的支持、理解，忽略其能够深化宏观经济学真实性和实用性的巨大价值。现实的情况是，否认微观与宏观的联系，没有人这样做；但将宏观看得重于微观，认为宏观经济学可以"抽象掉"微观基础，宏观经济学可以不需要微观经济学的支持来认识、解释和指导宏观经济活动，则大有人在。这一点，也正如许多人更看重抽象的"艺术作品"的价值，而不去体会生活中几乎一文不值的"游戏作品"的价值一样——他们通过认定"艺术作品"思维的高超性、艺术性、创造性和一定程度的"玄乎性"而大加赞颂，并且商业化为巨大的货币价值。然而，在我看来，恰恰有特殊价值的是，在"游戏作品"里，还有着真实世界的可还原性，它们可以还原出真实世界里的微观"沙粒"，有着更为真实的整体与结构关联的直观。就认识世界而言，"游戏作品"由于它的真实性和清晰结构性，具有工具或方法上面的特殊价值。至少，它是支持人类抽象思维成果的重要要素或基石。

令人不能不担忧的是，在现实经济生活中，"宏观结论"常常被提升到极高的位置之上，而一触及"宏观结论"的微观基础或成分要素，由于对微观基础的忽视甚至忽略，不少经济学家大多只有"原则化"的说法，拿不出实实在在的解决现实经济问题的良方。这样一来，经济学也就真的只有自我欣赏的"解释功能"了。最突出的例证，是我们日常经济生活里几乎天天都能听到的"适度发展"类说法和"既要如何，又要如何"的语式表达。如"经济增长快了不行，慢了也不行，不快不慢最好"，那么，什么是"不快不慢"？没有看到宏观与微观的联系，没有微观的基础理解和为这种理解提供的微观学说的支持，你又如何得到"不快不慢"的准绳？你又如何下手进行真实却是微观经济活动的调整？

又如，一些经济学家依据一定的宏观结论，当宏观管理部门进行宏观经济决策时，提出的原则性建议东西就是"既要快速发展，又要控制风险"。这样的原则，不过是原则，正确性不用怀疑，却没有什么实用性，它们不应当是经济学家们向宏观管理部门提供的药方，甚至不应当是经济学家们"抽象作品"的内容。

我想，再抽象的作品，也是源自生活的，是生活赋予了创作者抽象思维的源泉，尽管在作品里不太能够看得出生活的要素。宏观经济学研究的是微观集聚而来的经济现象，源自微观生活，虽然它是抽象的"作品"，没有微观要素的直接关联性，却不是也不可能是空中楼阁。如果我们割裂宏观与微观之间不可分割的联系，不重视微观经济学的一些"微观成果"来支持或理解"宏观结论"，看不到"宏观结论"赖以形成的微观基础，那么，我们就只能就宏观理论谈理论，就一般原则讲原则，找不到解决现实经济问题的途径，使宏观经济学成为"屠龙术"或纸上空谈。

作为经济学研究者，不论你研究偏重的是宏观领域还是微观领域，均应当有"微观"和"宏观"双重角度来看待现实经济问题和经济现象的理念，使经济学研究在"真实性"的基础上，产生"实用性"。说实话，儿时"聚沙成塔"的游戏，让我从常识的角度，产生了对经济学研究宏观微观分类关系上的如此演论，使我颇为兴奋。

2006 年 8 月 3 日　星期四　完稿

（原载《经济学家茶座》2006 年第 3 期）

现代经济学与生活常识

- 现代经济学的实质，是关于人的**经济行为动机**的学说，而不是关于人的**经济行为**的学说。它探求的是人的经济行为后面的秘密，主要任务是去分析、研究乃至猜测人的行为动机。它时常与经济生活常识相悖。

- 现代经济学抗拒来自生活常识的批判。这一点，在一定程度上摧毁了现代经济学本原的基本价值——源自生活的生命力和服务生活的洞察力。

由"经济疯子"引出的令人着迷的问题

现实生活里是存在疯子的，经济生活里则存在"经济疯子"。疯子的言行当然是非理性的。"经济疯子"呢？他们的言行，是不是"非经济理性"的？既然也是一种"疯子"，生活常识说，"经济疯子"一定是"非经济理性"的。

观察生活容易看到，有的人不是现实生活里的精神疾病性疯子，却不时似乎缺乏"经济理性"而成为"经济疯子"。千万不要以为"经济疯子"离我们很远，有时，你、我都缺乏所谓的"经济理性"，就加入到这个队伍里来了。股票价格持续暴跌时，人家大把地买进，你却有点傻乎乎地卖出；股票价格猛涨时，别人适时出手，换得多多的现金，你却好像疯疯癫癫地买入。你怎么就不想赚钱？你怎么就不怕亏了？你肯定疯了，外界这样评说着。

你真的"经济性"地疯了？你的"经济理性"跑到哪里去了？

看来，经济生活里是肯定存在"经济疯子"的。那么，在现代经济学里，是否有这样关于"经济疯子"的判定呢？

现代经济学有一个基本假定和一条基本规律，这就是"人是经济理性的"假定和"稀缺创造价值"的规律。如此假定和规律，由于它们在经验上有直接观察的事实予以证明，虽然经济学家们没有特意地绝对化它们，实际上，它们却是成了几近"放之四海而皆准"的基本公理性学说，无需再证明地被供奉到了经济学信仰的神龛之上。在经济学理论里，经济学家不假思索地运用着它们。经济学家认为，经济生活中的人们，都是完全由"经济理性"驱动着的，他们总是小心谨慎地比较成本和收益后才采取行动，也总是追求"人无我有，人有我优，人优我变"的稀缺性，以此来力求获取更大的经济价值。在经济学家们的心目中，如此的经济学假定和规律，既是经济学理论的基本学说，又应当是现实经济生活中的常识。

若是用这样的经济学假定和规律来评说一下"经济疯子"们的"非经济理性"行为，你会发现一个令人着迷的问题。

"人是经济理性的"假定，认为人的经济行为一定是在成本和收益进行比较之后，认定预定收益大于成本才会发生的。按照此假定，在股市投资中，不论是一般的"买低卖高"选择，还是与众不同的"买高卖低"的"疯子行为"，都是投资者经过了预定收益与成本对比之后，各自认为预定收益会大于投资成本才发生的——你"买低卖高"可能得到净收益的回报，别人"买高卖低"也可能得到净收益的回报，这取决于不同的投资者对于市场的不同判断，以及不同的投资战略设计。从"买高卖低"的投资决策来看，投资者之所以"买高"，他认为市场的价格走势可能还会更高；同样，投资者之所以"卖低"，他认为市场的价格走势可能还会更低，不如及时出手赢利或是减亏。这当然是完全的"经济理性"行为。

可见，在股票市场上，不论是"买低卖高"还是"买高卖低"的投资行为，甚至是某些极端化的"买高卖低"选择，经济学家认为都是"经济理性"的行为。由股市扩展开去看人类的所有经济行为，在经济学家眼里，经济生活中并不存在"非经济理性"的人，也就是说，没有所谓的"经济疯子"。

"稀缺创造价值"的规律，认为人的经济行为需要特殊性、差别性，即稀缺性，才能获得足够大的价值回报。显而易见，反通常的经济行为而采取的行动，由于它的稀缺，常常具有惊人的价值获取可能。在股市投资上的"买低卖高"选择，虽然是最常用的投资决策，却由于大多数投资者采取这样的买卖行为，导致了此种行为的稀缺性低，从而无法得到如此行为较大的收益回报；相反，那种"买高卖低"的行为，由于它高度的稀缺性，取得极端性收益的可能性一定大大高于"买低卖高"的行为，尽管这种"买高卖低"时常面临着巨大的损失风险。基于可能的巨大收益的诱惑，"买高卖低"行为者，显然是出于对收益大于成本的盘算去行为的，在这一点上，用"稀缺创造价值"规律来评说，这些行为者的行为也是完全"经济理性"的，"经济疯子"与他们全然没有干系。

经济学的基本假定和基本规律之间，看来是有理论逻辑内在一致性的。一方面，作为经济学的基本假定，"理性经济人"是所有经济学规律的基石，"稀缺创造价值"完全可以由如此的假定推演出来，因为人的"经济理性"的本原性规定，一定会驱使人们去寻找稀缺或是创造稀缺，力求获取最大的效益；另一方面，"稀缺创造价值"规律又支持着"经济理性人"基本假定的相对确定性或真理性，因为人们之所以会去寻找稀缺或是创造稀缺，就在于人性之中有一种关于经济性的本质规定，即是计较付出和收益，就是最大限度地去获得收益。在这样的经济学基本假定和规律之间，我们感受到了一种理论的魅力，经济学家将其当作信仰，不仅在于它们构造了经济学理论大厦的基础，还在于它们之间可以经得起逻辑分析而具有内在的本质联系。

令人着迷的问题，就由上面有些枯燥的分析导引出来了：在经济学里，是不存在"非经济理性"的"经济疯子"的，而在经济生活中，则有缺乏"经济理性"的"经济疯子"。我们是应当改造经济学理论，从经济学与经济生活常识的一致性出发，新建一个包括有"非经济理性"规定的新经济学理论体系，让"经济疯子"走进经济学来？还是应当更为广泛和深层地进行现代经济学理论的社会性教化，让经济生活的常识逐渐靠近现代经济学基本假定和规律，消灭"经济疯子"在生活中的存在？或是应当维持现实的经济学理论与经济生活常识的不同理解，经济理论界圈内说自己的理论和"术语"，经济生活中人则仍然直观地理解并持续通俗的"说法"，从而"经济疯子"仅仅在经济生活里活跃？

对现代经济学和生活常识的"双重尊重"

作为一个成形的理论体系，内在逻辑的一致性是必须坚持的，否则，体系本身就无法自圆其说，更谈不到解释世界，帮助人们认识世界和改造世界的功用了。现代经济学是以"经济理性"为基石的学说体系，离开"经济理性"的基石，或是不能坚持这一基石的唯一性，不能坚持这一基石与其规律之间逻辑的一致性，现代经济学的理论大厦就将倾覆。实际上，经济学的基本假定与基本规律之间，也没有留下可以让"非经济理性"进入的空间，这座由经济理性、秩序、效率等构建起来的现代经济学理论大厦，结构上的严丝合缝，彻底排除了"非经济理性"进入大厦的一切企图。

从这一点上讲，现代经济学理论并不需要改造，不需要引进"非经济理性"的"经济疯子"。由此，我们还可推论出，那些关于"非理性经济学"的说法，在现代经济学的框架之内，实质上是充满着矛盾的，理论的逻辑基础并不存在。

在经济生活中出现的所谓"经济疯子"，当然是一种实实在在的存在，至少也是一种实实在在的生活判定或称呼，并不因为经济学理论对于"非经济理性"的排除而消失。这也说明，经济生活本身要比理论学说丰富得多、生动得多。虽然说，生活中存在的这类"经济疯子"，经济学理论并不认为他们缺乏"经济理性"而"疯了"，但生活常识直观地告诉人们，这类人的行为是异常性的或非常规性的，因而不受生活常理的管辖，他们至少是异类而非常人，叫他们"疯子"，也就没有生活常态的错误。生活从来都不是严谨得如同螺丝和螺母，一定得丝丝入扣才能固定东西。这是自然的存在状态，自然就有自己的存在理由。

既然理论需要坚持内在逻辑的一致性，而现实生活又

"自然地"存在着关于"经济疯子"的判定和称呼，如果我们非要用经济学理论内在逻辑的一致性，来否定人们对于"经济疯子"的判定或是称呼，那肯定是徒劳的。自然存在的东西，就有其存在的力量。既然是徒劳的，我们就不必要去做这样的努力。现代经济学告诉我们，徒劳者就是成本巨大到没有效益者，经济学家不要去做经济学认为不合算的事情。换言之，经济学家若如此做了，那才是真正"非经济理性"的了。因此，让经济学理论与经济生活常识之间各自有自己的对同一现象的不同理解，特别是有各自不同的"话语"，也是一种对自然尊重的选择，也是一种理性行为。

这样，我们的结论就是，"经济疯子"只是属于生活而非经济学的。经济学家不必跟着生活中的"疯子话语"随"疯"飘走，经济生活现实不必也不会完全用经济学家们的"经济理性"去判别人的行为，将"经济疯子"从生活中消去。

从立基于"经济理性"的经济学来看，"经济疯子"只是经济行为"稀缺"的经济活动者而已，在经济行为的动机上，他们一定是比较了成本和效益的。只不过，他们的看法与常人的看法不同甚至相左而已。在这一点上看，经济学的实质是关于人的**经济行为动机**的学说，而不是关于人的**经济行为**的学说。人的经济行为，只是经济学考察的外部现象，经济学并不停留在这样的外部现象之上，而是深入地去探求如此外部现象背后的秘密，去分析、研究甚至猜测人的行为动机。由史及今，经济学在经济生活的经验与理论综合的基础上，通过猜测、探测和经验数据的累积性实证，认定了人的经济行为的动机，一定是"经济理性"的，经济学由此奠定下了其发展的基础。实际上，经济学是一门"透过现象看本质"的学说，与现代哲学的本质观、基础观、核心观以及普遍联系论，有着浓厚的理论家庭或理论血缘关系。在一定意义上讲，现代主流经济学就是从属于现代哲学大家庭的理论学说。

由于日复一日的经济行为者的行为特征，似乎在反反复复地肯定"经济理性"的本质观，经济学关于经济行为动机的"经济理性"之说，也就逐渐变化为一种无需证明（其实也无法直接证明）的经济学信仰了。在当下，"经济理性"不是从人们的经济行为里猜测、探测或经验分析中得到再次证实或肯定，而是它已经被作为"阿基米德支点"，去解释、认识人们的经济行为，它已经成了经济学"圣经"中的最基本律条。如果说，经济学是经济生活的一个显微镜，那么，这个显微镜的焦距就是固定的，经济生活中人的一切行为的本质，都将在这同一的焦距之下显现出来，这个焦距就是"经济理性"。

经济生活的常识不同，在于它通常只是关注真实的行为本身，以及行为的结果，而不过于关注经济行为者的行为动机，更不去猜想动机的一致性或同一性。因此，关于"经济疯子"，这是一种经济生活直观的判定和称呼，是从行为者的行为直接引发出来的，并且与行为的后果有着某种经验的关联。

如上面谈及的股市投资行为，不论投资者的动机如何，其"买低卖高"通常是合情合理的，高低之间的价差大多能够带来净收益；而"买高卖低"之举，可能获取到巨额的收益，但通常风险巨大，巨额亏损的可能性通常超过获得巨额收益的可能性。事实上，大多数"买高卖低"行为的结果，还真是亏损情况更多些。一般而言，这样的行为是不合情理的。生活中的不合情理，自然就是"疯狂"的。人的动机是从行为的表现上看不出来的，生活常识则可以从"买低卖高"的行为里，从大多数这种行为的后果里，推测行为者的动机是"理性"的，却无论如何也无法从"买高卖低"的行为及普遍的后果里，认定行为者有明明白白的"经济理性"。生活的现象是**直观而丰富**的，生活的常识也自然地有着**直观和丰富**的特色。

"回到生活常识"与现代经济学发展的难题

现代经济学对于经济行为动机的分析和假说，与经济生活常识直观的判别和称呼，我们都有理由尊重。这是一种源自"存在即合理"的哲学思维的结论。然而，经济学毕竟是关于经济生活的学说，作为经济学家，应当也必须看重经济学理论对于经济生活之间的关系。在如此的理论学说与生活常识面前，我们应当如何来理解和重建两者的关系呢？

经济生活显然是经济学理论的源泉和证明材料，而由经济生活产生的常识则在向经济学提供着两方面的东西。一方面，提供给经济学理论生活常识性的证明，这时，理论学说与生活常识具有一致性，经济学的结论与常识的结论高度吻合；另一方面，提供给经济学理论不同的生活常识性判定，区分出经济学理论的特色与生活常识的特色来，并且引发经济学理论更为广泛的思考。显然，后者的重要性，绝对不弱于前者。一些经济学家喊出的经济学"回到生活常识"的声音，就是更多地就后者而言的，它期望经济学更接近生活常识些。

生活常识毕竟是广泛得成为人们基本意识形态的东西，它不一定推翻得了现代经济学理论的逻辑大厦，却有着自身顽强的生命力。这种生命力，呼吁经济学家应当也必须从如此的常识里得到营养。直观而丰富的生活常识，由于它的直观和丰富，就具有更加容易为人们接受的力量，现代经济学是不是可以考虑，或者存在这样的可能性，在坚持理论内在逻辑一致性的前提下，创造出相对直观和丰富的形式，让人们如同接受常识一样地接受现代经济学的理论，从而让经济学具有更多一些的"常识"成分？这是经济学"回到生活常识"的选择之一。

不过，上面的分析表明，在现代经济学的基本框架之内，满足理论逻辑的一致性与更接近一些生活常识，是存在极大困难甚至不大可能的，我们真不清楚这样"回到生活常识"的选择，是不是在走向一条死胡同。

"回到生活常识"当然还有另外一种选择，这就是，在理论逻辑一致性的现代经济学体系外面，创造出一种"纯粹生活常识的经济学"来，就从经济行为动机之外的直观现象立题，从经济行为的直接后果着墨，将生活常识化的东西进行理论化的处理。这种经济学不要内在逻辑的一致性，不问本质，不问动机，不问基础，不问核心，更不问普遍的联系；就事说事，就表言表；就事言事之理，就表说表之面，不去牵扯其他。

毫无疑问，这样的理论，已经完全从现代经济学体系的哲学基础里解脱出来了，它的反动机的思考，没有了本质规定之说，没有了基础的假定或规律，也没有核心的东西，普遍联系则完全不存在，这大体要从属于"后现代哲学"的新家庭了，应当可以称之为"后现代经济学"吧。

实际上，现代经济学的确大大地简化了人们对于经济生活的认识，它在理论逻辑上的一致性，不仅与生活的常识有着一定的冲突，而且让人们对于经济行为的认识完全地归一化了。自然而然，这种归一化，惰性化了人们对于生活丰富内容的认识，一个基本假定和一个基本规律，几近用于解释一切经济现象，甚至用来解释一切社会现象。这样的简化，经济学家们曾试图让人们更深刻地认识经济现象的努力，就走到了自己原始意图的反面。人们反而在活生生的生活现实面前，迷惑不已，这是令人悲哀的。"回到生活常识"的呼声，有种对于现代经济学改造的强烈诉求，这种诉求是否容易转化为改造的实际运作之力量呢？

无须讳言，现代经济学有对于"回到生活常识"的

88

本能性抵抗的规定性。在现代经济学看来，大量的生活常识只是直观和表面的，没有思想深度，没有现代哲学的思辨，没有形而上学的逻辑一致性和规律的产生。简言之，生活常识只是一堆无序的"说法"的集合，属于"下里巴人"的领域。在一些现代经济学家眼中，生活和生活常识对于经济学理论而言，并没有足够的价值，倒是那些在现代经济学基本假定和基本规律基础之上"形而上"的流派，那学说（具体化到一个个这模型，那范式），为真正理论的"阳春白雪"，价值不可估量。

在这一点上看，现代经济学的"帝国主义"含义，就不仅仅是侵略性地突入到了其他学科的领域，也在气势汹汹地抗拒着来自各个方面，包括来自生活常识的批判。而恰恰是如此之势，一定程度上摧毁了现代经济学本原的基本价值——源自生活的生命力和服务生活的洞察力，不少经济学理论"制造品"，变成了经济学家们自我欣赏的书面游戏或文字游戏。

"回到生活常识"，看来并不那么简单，更不那么轻松，它含有对于现代经济学理论颠覆的成分或是建设新经济学理论的诉求，不是仅仅将现有经济学理论变换些表达形式，如在语言上说得通俗点就可以实现的。很可能，"回到生活常识"之说，意味着一场现代经济学的革命。

2007 年 1 月 3 日　星期四　完稿

（原载《经济学家茶座》2007 年第 3 期）

走一走"奥地利之路"

- 一踏上"奥地利之路",那里的风光,让我流连忘返。
- 与主流经济学完全不同,奥地利学派的基点,是一个个活生生的具体人,是他们以个体存在的真实行为,而不是某种假定的"理性人""经济人"或统计意义上的"平均人",以及由此而来的简单"综合"或"总量"概念。

大约有四五年了,我对主流经济学产生了很深的距离感。其原因,是我天天都在与现实经济打交道,却发现主流经济学的理论,离现实是那么地遥远。从瓦尔拉斯"一般均衡"到马歇尔的"局部均衡",还有所谓的总供给、总需求等概念,特别是那基于自利"经济人"假定而来的诸多学说综合,它们有着太多的"假设",极似空中楼阁。

这种感受让我的思想之旅走入了他途。一方面,我去探求人性的复杂,彻底抛弃"经济人"的假定。这一点,通过挖掘亚当·斯密在《道德情操论》中关于人有"同情心"而"利他"的规定，认定人不只是"自利"的经济动物。另一方面，我更乐意阅读实证型的经济学作品，由历史经验、数据甚至个别案例，去思考现实的经济问题。

如此的思想之旅是无可奈何的，又是痛苦的。探求人性的复杂，除了对主流经济学形成批判力量外，如何由复杂人性去分析经济现象和解决经济问题，无从下手。举例说，人性复杂情况下，是让市场这只"看不见的手"更多发挥作用，还是政府这只"看得见的手"多些管控？难以定论。而那"就事论事"的实证型研究成果，除了"事后诸葛亮"的经验总结，也没有几分一般性的"规律"功用。痛苦在于，另辟的旅途，本是想走出深深的隧道，却一直看不到光亮。

其实，在经济学的思想之途，有一个另类通道，这就是奥地利学派。我很早就在这个学派的外围行走，却总是不愿走入它的大门。甚至，读了几本哈耶克的著作，也只是当成一时的"闲逛"，并未真正欣赏那里的风景。原因是，我相信自由市场经济理论，却对于奥地利学派近乎极端性的"自由市场经济"推崇，抱有本能的拒绝，认定它不可能是根基于现实的。加上市场经济发达国家，也未曾对此学派有过短暂的追随，市场发达体都不大信服的市场理论，它或许真没有太大的价值。

2008年美国的金融危机爆发。在主流经济学理论的引致下，政府那只"看得见的手"大行救市之道。政府资本直接进入私人银行，货币供应陡然升至天量，利率则降到接近零的水平，演出了一场极端性的"管控经济"活剧。多年过去了，美国经济复苏乏力，而受其拖累的其他许多国家，仍然在泥沼中挣扎。世界范围内直接的干预和巨量的钞票投放，不仅没有达到预期目的，很可能播下了另一场经济灾难的种子，股市等"虚拟经济"市场出现了莫名其妙的"虚胖"，便是标志之一。

如果说，以前对主流经济学还只是有距离，那么，这次危机后的政府行为和当下世界经济面目，则让我怀疑主流之说了。虽然还说不上对"旧主"去意已决，却是不再在"奥地利学派"的大门外徘徊。没有想到的是，一踏上"奥地利之路"，那里的风光，让我流连忘返。

由"危机"引领，我首先阅读的，是奥地利学派的杰出代表人物默雷·罗斯巴德的《美国大萧条》。罗斯巴德用奥地利学派的商业周期理论，认定20世纪20年代的信贷过度扩张，是导致30年代大萧条的"罪魁祸首"；一个"人造的"过度繁荣，必定会引发一个相应的衰退或萧条，美国货币当局应当对那次信贷扩张，以及后续无可避免的灾难负责。由此引论，未来谨防此类大萧条的出现，货币当局应当顺其自然，不可再造过度信贷；而一旦萧条出现，更是应当无动于衷，不可大加"刺激"，当让市场自身抑热压温，终将复归平稳常态。

此论风猛雨急，惊世骇俗。因有悖于主流常理，加之论说和数据处理也有欠缺，直到如今，罗斯巴德之说还是

"惊世"大于认同，未能入流，更未成为国策战略之基石。不过，在我看来，恰恰如此，它在长期"被冷落"中，一方面，见证了主流"大萧条"理论（凯恩斯主义、货币主义等理论）的根本缺陷，以及相关对付大萧条政策的最终失效；另一方面，商业周期理论在岁月的涤荡中，显现出了未曾失落的价值之光。冷热交替的时候或许就在到来，我相信，越来越多的人，会积极转向细致研读奥地利学派的"大萧条之说"的。

奥地利学派认为，在市场经济里，只存在商业波动而不存在商业周期。这是因为经济生活是变化的，消费者、生产者不可能固定，自然环境、资源、技术、管理等都在日复一日地改变着，无论以何种方式来记录商业活动，起起伏伏是天然的状态。但是，这些商业波动，由于领域、行业、产品不同，还有不同的地域、时间等，完全不可能统一到大起大落的共有"商业周期"里来。例如，西瓜旺销的夏季，不可能棉衣也旺销。如果没有"人为的"力量，西瓜销量和棉衣销量不可能在同样的季节里，组成共同的起伏波浪，商业周期并不存在。

可悲的在于，人类自以为通过某些工具，就可以彻底地征服世界，信贷手段就是其中之一。当货币当局可以增加信贷来"刺激"经济时，基于信贷成本的低廉，消费者和生产者就可能不顾自然的商业波动，扭曲地增加消费和生产，统一性的商业周期就可能如期而至。试想，夏季里受到信贷刺激而增加生产的，不只是西瓜，还有棉衣；同样，冬季里增加生产的，不只是棉衣，还有西瓜，那么，一旦商业波动发生，西瓜和棉衣"共振"起来，就成"一致"的商业周期了。到此，奥地利学派的"大萧条"成因出现。无疑，应对此种灾难的方略，也预埋了。

《美国大萧条》运用商业周期理论解说那场灾难，显现出了理论对现实经济现象的高度贴近。这是十分激动人心的。通常，看到杰出果实的人，会对生成果实的植物产生兴趣。毫不夸张地说，商业周期理论的果实，激励了我对整个奥地利学派的极大热情。追根溯源，我开始研读罗斯巴德的《人、经济与国家》。读了些许章节后，喜迎米塞斯巨著《人的行为》（夏道平译，上海社会科学院出版社2015年版）中文版本面世。饭后茶余的时光，差旅的间隙，更有周末节假日，这两本书已经被画上许多的条条杠杠了。

奥地利学派的集大成者，当属米塞斯的《人的行为》。罗斯巴德的《人、经济与国家》，则是基于米塞斯的著作扩展而来的。在某些方面，罗斯巴德走得更加坚决，也更加远些。将这两本书结合起来读，不只是容易加深对学派的理解，还有想为这个学派添加些什么的冲动。理由很简单，一个天天面对现实经济生活又乐于思考的人，看到贴近现实的理论学说，不是想提供些佐证，就是想结合现实扩展些观点。

与主流经济学完全不同，奥地利学派的基点，是一个个活生生的具体人，是他们以个体存在的真实行为，而不是某种假定的"理性人""经济人"或统计意义上的"平均人",以及由此而来的简单"综合"或"总量"概念。仅此一点,就将这种学说建立在现实经济生活的厚实基础上。米塞斯明确指出:"经济学处理的,是实在人的一些实在行为。"因此,通过研究具体的人的行为来认知经济现象,解释经济运行,进而解决经济问题,就是奥地利学派的全部任务所在。

一个全新的通道骤然打开。由真实个人行为的原点出发,米塞斯总结了"人的行为是有目的的"第一公理,它无需证明就可以演绎出这个学派的全部理论。我们说,奥地利学派对于现实经济生活是贴近的,不仅在于它的理论起点直接来自人类生活中的个人,其第一公理,亦是从古到今人类社会生活可以观察到的真实存在。可见,经济学是完全可以远离那些不必要的"假设"的;也是完全可以由真实的个人行为,去演绎地理解人类作为类别的行为和人类社会整体运行的。

按照第一公理,经济学便不必去纠缠于人是否"自私"或"利他"的善恶判断,而只需研究适用于目的的手段是否合理;也不必在那些无法证实又无法证伪的"总量均衡"获得后,再人为地添加一些条件去硬性契合现实经济生活。一言以蔽之,奥地利学派的经济学,是关于真实世界的学说。

为了理解到位,我找来了近些年国内出版的几乎所有关于奥地利学派的中文书籍。浙江大学出版社出版的"奥地利学派译丛"多种，我已经读完了一半以上（因为此，我对浙江大学出版社肃然起敬，因为这些书时下很难有多大的"经济效益"），加上正在展读的米塞斯和罗斯巴德的巨著，我对奥地利学派的认知深化起来。尽管还不能说我就完全信服了这个学派，但其大大有别于主流经济学的思路和方法，特别是它源自现实生活，属于现实生活，还将服务现实生活的特点，对一个厌倦了假设下空泛理论的人而言，具有十足的吸引力。在思想的旅途上，我无疑会沿着这条通道走下去的。我个人如此"行为"的目的，是此通道上那与众不同的景致。

2015 年 11 月 8 日　星期日　完稿

（原载《中国出版传媒商报》2006 年 1 月 19 日

《中国阅读周报》）

红绿黄灯是干什么用的?

- 红灯、绿灯是一种"人为的"制度形式,使它能够产生足够大作用的,是其背后强大的制度力量。红灯、绿灯带来了交通路口的"制度秩序"。
- 黄灯闪动,直观上是提醒人们注意路口到了,实则是启动一套"默认规则"或非制度化的约定,如果人人遵守"默认规则",交通路口就将出现"自然秩序"。

本世纪初,我在福州工作过两年多。每天上下班,我都要走过一个"准十字路口"。之所以说"准十字",是因为"十字"的一方正是我所在单位的大门,大门的旁边是一条小巷,小巷里面有一所福州市城区闻名遐迩的小学,那里有数百近千的学生。

以前这个路口没有红绿灯,交通状况一塌糊涂,事故时有发生。特别是在上下班高峰,或是学生上学、放学时,整个路口就是汽车、摩托车、自行车和人流交错的混乱场面,也就难免你顶我撞,时常发生擦蹭,三天两头你都会听见嚷声、吵架声和外地人听不懂的骂声。后来，高峰时，出现了交警维持秩序，情况要好多了。再后来，这个路口安装了红绿灯，加上交警在高峰时仍然出现，路口的交通状况大为改观。

安装红绿灯后不久，我又注意到，路口高峰时的交通状况是得到了很大改善，但非高峰时，仍然会出现交通拥堵现象，事故也还在发生。为什么会这样？原来，只是在高峰时，红绿灯才启用红灯、绿灯交替变化的规则使用方式；非高峰时，仅仅闪动着黄灯，以提醒车辆和行人。由于黄灯没有强制性的力量，车辆司机和行人似乎并没有感觉到它的存在，依旧我行我素，只要路口流量稍微大点，原有的混乱局面又出现了。

对这个路口非高峰时只闪动黄灯，我充满了疑惑。是城市交通管理方面认为非高峰时用不着红绿灯交替的方式，还是这种"准十字路口"只允许高峰时使用交替的红绿灯，还是认定交替的红绿灯在非高峰时使用会影响到交通的顺畅（因为总会让一些车辆、行人出现"等绿灯"的现象），或者，闪动的黄灯可以节约用电？我想，对于一个路口而言，应当没有什么比交通混乱更严重的问题了。如果这种理解没有根本错误，我想象不出，交通管理部门能有什么理由可以解释得清楚非高峰时闪动黄灯的安排。

凭经验我们知道，红灯、绿灯是在路口规范车辆司机和行人交通行为的，黄灯则只是起提醒人们注意的作用。红灯和绿灯交替的规则性使用，其作用在于建立起交通路口行车、走路的秩序，达到路口较高交通效率的目的。黄灯的提醒作用，一般地讲，也应当是有助于司机和行人"和谐互让"地通过路口，维持或提升交通效率的。要不然，黄灯的设置就完全没有意义。因此，红灯、绿灯和黄灯的安排，从道理上讲，一定是服务于路口的交通效率的。既然闪动的黄灯没有起到改善交通状态的作用，想来还有更深层次的原因。

谈到交通路口的效率，显而易见，必须联系相关的成本来分析，否则，那是谈不清楚的。红绿灯的安装和使用，当然有直接成本和相关的间接成本耗费。在交通流量很小的十字路口，一般情况下都不会出现交通的拥堵现象，安装红绿灯并规则地使用红灯、绿灯，除了安装和使用成本外，还会造成不必要的车辆、行人等待时间耗费等成本，这种围绕红绿灯而来的成本耗费就是不值得的。应当说，这也就是车辆、行人流量很少的路口，或是城市市区中夜深人静时某些路口，要么不安装或不使用红绿灯，要么只是闪动黄灯来提醒司机、行人的最重要原因。

因此，路口是否安装使用红绿灯，是规则地使用红绿灯交替变化，还是闪动黄灯，必须根据具体的路口情况，并结合成本对效率的分析来做安排，而不是笼统地认定高峰或非高峰期来决定。我每天通过的这个"准十字路口"，在白天的时间里大多有较大的车辆、行人流量，用黄灯闪动来管理非高峰时路口的交通状况，不仅仅浪费安装和使用成本，还没有解决交通拥堵问题，其效率当然就是最低的。或者说，交通管理部门用提醒性的黄灯闪动方式，是对非高峰时路口交通拥堵问题的误用。一言以蔽之，这个路口不论高峰还是非高峰时间，需要的是秩序，因而需要有某种保证秩序的安排，而不是一般性的提醒注意。

既然在交通路口没有比秩序更为重要的问题，那么，任何一个交通路口，只要有一定量的车辆和行人通过，秩序就总是第一位的。这是不是意味着，在这样的路口设置闪动的黄灯都没有意义或基本没有意义？要知道，除了我每天通过的路口，除了夜深人静时某些车辆、行人稀少的路口外，全世界尚有着大量普通且流量也不算少的交通路口，它们仅仅闪动黄灯，而不是使用交替变化的红绿灯，难道这些路口就不需要秩序？

我陷入了红灯、绿灯、黄灯的功能再思考之中。红灯、绿灯显然是一种"人为的"制度形式，使它能够产生足够大作用的，是其背后强大的制度力量——闯红灯是要受相关处罚的，而且许多人曾经闯红灯也实实在在地受过处罚。正是由于这种制度力量，红绿灯的"禁"和"行"含义也就明确地规范了人们的行为选择。久而久之，在人们的心目中，红绿灯就由一种"人为的"制度形式，进而成为制度本身，人们常常不去理会红绿灯背后的制度力量，而是认定红绿灯就有令行禁止的功效。如此一来，"红灯停，绿灯行"的制度要求，也就渐渐地内化到了司机和行人的潜在意识之中，成为司机和行人通过路口时一种近于本能的反应。这也就是交通路口在红绿灯的指挥下，能够产生秩序并带来交通效率的制度解释。由此看来，红绿灯的作用，也就是制度的作用；红绿灯带来的秩序，以及秩序下的效率和效益，也就是制度的秩序和制度的效率。

闪动的黄灯，其直接的意图，应当就是提醒司机和行人注意，一个特殊的交通地点到了。与红灯、绿灯不同，提醒性的黄灯当然不具有或"禁"或"行"的制度强制意义，将其置于红绿灯的"大制度"体系中，真有几分模糊不清的底色。鉴于不能强制规范司机和行人的行为，黄灯也就没有实现路口秩序的力量。虽然说，路口的提醒也有某种必要，但并不是非有不可。在这个意义上讲，黄灯是不是可有可无呢？

我记得很清楚，小时候（20世纪60年代），在我老家湖南省长沙市区里，红绿灯体系中就只有红灯和绿灯，没有黄灯；而且有的路口，完全靠交警的红白指挥棒引导交通，只有"禁"和"行"的指挥棒式，没有"禁"和"行"之间"提醒注意"的中间环节。我一直不清楚，黄灯是什么时候出现的，它的真正作用又是什么。出于理解的考虑，我曾讨教过一些专业人士。他们的看法是，黄灯就是起提醒司机和行人作用的。

那提醒的又是什么呢？难道说，闪动的黄灯，真的只是提醒司机和行人对特殊交通地点的注意，还是提示司机和行人应当采取某种与闪动黄灯相对应的行为？换问之，是不是黄灯也如红灯、绿灯一样，司机、行人一见到，就会选择某种合理的行为，正如"见红灯选择停，见绿灯选择行"一样？并且，这样的"见黄灯而有相应行为"的选择，能够潜移默化成司机、行人内心的选择意识呢？

这里问题的关键是，黄灯闪动与人们的行为选择之间，是不是有某种约定俗成的联系。也就是说，黄灯一闪，过路口的人们会不会在头脑里升腾起这样的一些"默认规则"，如"车辆、行人慢行""车辆让行人"，以及"左转弯车让直行车""路口不超车"等。如果有这些的"默认规则"，而且人们又有着对于这些"默认规则"认同和遵守的意识，那么，当交通路口黄灯一闪，人们便自觉自动地进入到了"默认规则"下的行为选择之中来了。当所有或至少绝大部分司机和行人有着这样的"默认规则"并高度认同和遵守时，一种自然的秩序也就形成了，路口的交通并不因为是非制度的黄灯闪动就变得混乱不堪。

由此可见，黄灯闪动，直观上是提醒人们注意路口到了，实则是在启动另外一套交通路口的"默认规则"或非制度化的约定，进而导引出另外一种秩序来。这种格局下的秩序，显然就是"自然形成或演进的秩序"；相应地，由其带来的效率，便是自然秩序之下的"自然效率"了。

从经济学理论上讲，红绿灯带来的"制度秩序"与黄灯闪动启动的"自然秩序"相比，前者显然要耗费大于后者的制度建设成本（不仅包括红绿灯的设置，还有相关的处罚制度、执行处罚的资源安排等），因而后者比前者合算。这就是黄灯闪动的设置能够存在的经济学理论解释，"自然的"常常就是成本较低的。然而，"自然秩序"是建立于历史积累的道德、社会公共意识、共同生活准则等文化理念和价值观基础之上的。这种文化理念和价值观，也包含着大量制度作用下，人们意识形态中形成的许多共有行为准则。

从这一点上讲，在人类社会生活中，"人为的"制度总是不能少的，它不仅能够带来"制度秩序"，还有助于"自然秩序"的形成。我们不能想象，在所有的交通路口，完全不需要红绿灯能够保证路口的交通秩序；我们也不能想象，没有红绿灯制度的长期规范，人们能够"纯粹自然地"形成交通路口的"默认规则"。倒是"自然秩序"的形成，有着太多的前提规定和太长的历史演化积累。一旦人们对于所谓的"默认规则"或"惯例"的认知度并不相同，或是根本不认可如此的"默认规则"或"惯例"，那么，没有"人为的"制度出面，交通路口秩序问题的解决就是无稽之谈。因此，使用交替变化的红绿灯制度，是形成交通路口秩序的必需选择；使用还是不使用闪动的黄灯，则要看这个社会有没有一定量的"默认规则"，以及人们对其认同和遵守的基本意识。

毋庸讳言，本世纪初我在福州每天上下班通过那个路口，人们还没有形成一些主要的"默认规则"，也就谈不上对其的认同和遵守。尽管白天非高峰时并不是时时刻刻都车、人流量很大，闪动的黄灯，没有也不可能起到启动另一套"默认规则"的作用，这样的黄灯就成了摆设，交通混乱状况的再出现也就理所使然。实际上，在非高峰时用不用闪动的黄灯，这个路口都不会有什么差别。如果仅仅就经济上算账，关掉黄灯倒会节省电，因而会更有价值一些。

毫无疑问，在这样的格局下，解决这个路口交通混乱状况最好的方式，是全天候使用红绿灯交替变化的安排，或至少白天使用，少用或弃用闪动的黄灯，唯此才能保有该路口的秩序和效率。由此推而论之，在现实社会生活中，在交通路口，红绿灯是必需的，因为它属于制度，能够带来秩序，带来秩序下的效率，还有助于某种制度文化的形成；黄灯的设置和使用则要考虑，人们有没有一些主要的"默认规则"，有没有遵守这些规则的基本意识（通过一般的问卷调查数据就可以分析出来），如果没有，我们就不要制造如此的摆设。我们需要交通路口的秩序，以及由此而来的效率，但我们首先必须清楚，究竟在什么样的文化和价值理念下，通过什么样的方式才能获得这种秩序和效率。

记得福州的同事曾给我介绍过，福建省内三明市市区以前全部的路口都没有红绿灯，但交通状况非常好。究其原因，一是市区路宽；二是三明市是山区城市，车和人流量较小；三是三明市为全国的文明城市，司机、行人大都讲究通过路口的"默认规则"，路口的"自然秩序"能够得以基本保证。后来，据称某领导视察三明市时，"发现"

整个市区没有红绿灯，深感奇怪，顺口问及。当地有关部门认定此为批评三明市的工作，便开始在一些路口安装和使用红绿灯。不料想，如此之举，反而引来了那些交通路口不时的拥堵现象。一时间，市民议论纷纷，不少批评之声骤起。

如果此事无误，在那个时候，三明市区安装和使用红绿灯，就是缺乏成本与效率分析的行为，也是对三明人文化和价值理念缺乏深刻理解的行为。当然，对上级领导"指示"的盲从，不实事求是地对待和处理现实问题，则是产生这种行为的主要原因。我没有料到，在福州工作时天天通过的路口会带给我关于红绿黄灯如此深入的思考，会牵涉到经济学的"成本效益分析"理论，以及"制度秩序"和"自然秩序"的形成和关系；我更没有料到，这一深入的思考，竟在离福州市并不太远的三明市还有活生生的另外例证。

2013 年 11 月 23 日　星期六　修改完稿

货币的未来

- 现代货币制造的唯一性和法律要求接受的强制性，导致了货币制造逻辑的扭曲：反正足值不足值的货币社会都必须接受，货币制造者便可以不再在乎货币的信用基础，滥造货币有了可能。

- 如果否定独权垄断，推动货币发行主体的多元化，遵循信用货币的逻辑，建设人人（包括个人和机构）都依托自我信用来发行货币的体系，是否可行？

2010 年 12 月的一天。纽约。一个金融危机的研讨会上。纽约银行业风险控制委员会主席卡尔先生，总结了 2008 年全球金融危机产生的原因。他的潜台词很明确，如果银行业约束了冲动，投资者考虑了风险，监管方加强了控制，这次金融危机就不会发生。当问及当时有人已经清楚风险正在累积，危机就在眼前，为何没有任何一方采取对策时，卡尔先生非常坦诚地回答，贪婪让人丧失了理性。既然直指到了人性，似乎问题也就问到头了。

然而，这种贪婪又是谁的贪婪？仅仅是银行家、投资者，还是包括政府机构，还是所有的人？虽说人性中的确有贪婪的因子，但并不是所有人的贪婪，都可以转化成社会行为，导致出某种社会性的、集合起来的结果。究竟是什么人的贪婪，什么样的贪婪，可以造成现实巨大的社会冲动或疯狂，"成就"一次惊天动地的全球危机？

近期我读了美国社区经济学家托马斯·格列科写的《货币的终结》（*The End of Money and the Future of Civilization*）一书。首先令我费解的是，中文译本的书名只译出了英文原版书名的一半，本书的全名应当为《货币的终结和文明的未来》，恰恰此书的重要之处，在于"文明的未来"。至少，也是"文明的未来"与"货币的终结"同等重要。是中文翻译者和出版者出于文字简洁的考虑，还是出于对"文明的未来"这一用语"冲击力"的担心而简约？

我不敢断定。但我敢说的是，读完此书一个深刻的感受，就是作者从货币史的角度，毫不留情地指出了能够引致整个社会巨大危机的特殊群体，即所谓的政治和银行精英们。是他们垄断了货币的制造史，导演出了一次又一次灾难性的通货膨胀和金融危机。由此而及，人类"文明的未来"，必然又必须是如此"精英货币"或是"精英货币史"的终结。这等言语，对于当下货币仍然掌控于精英们之手的现实世界而言，无疑是巨大的轰击。

货币的历史和人类交易的历史几乎一样漫长。大体而言，货币史从物物交换结束开始，经历了商品货币（如石头、贝壳、烟草、牛羊等）、金属货币（自然形态的金、银、铜等）、金属铸币（经过人为加工成形的金币、银元等）、纸币和现代银行货币（银行券、支票、存款货币等）等历史过程。当货币不再是从大自然直接取得（如实物商品和金银商品），而是由人的社会"制造"出来（包括金属铸币、印钞厂印制的纸币或是银行账户上的存款记录）时，这样的货币，其本身的经济价值便可忽略不计了，我们称它们为信用货币。

信用货币的出现是货币史上的一次革命。问题是，本身没有经济价值的信用货币，为什么人们会接受？答案很简单，这是因为信用货币的"制造者"，具有足够大的信用力量，保证接受者可以按其标明的价值，随时得到实际的商品和服务。正是在这个意义上，对于信用货币而言，重要的不是形式，即不论是纸币，还是银行存款，还是电子数字货币，都不重要，支撑它们的"信用"才是决定性的。如果说，信用货币的持有者不能够随时用其得到商品和服务，那么，"信用"就没有了，人们就会放弃如此的货币。由此说来，信用货币的制造，是有某种天然限制的，这种限制就是货币制造者信用能力的大小。

从货币史来看，早期的信用货币，大多以金银等实物货币作为制造的依据。信用货币即使换不来商品和服务，也可以从货币制造者那里换回"真金白银"来。那时的"信用"，实际是由黄金白银的"硬度"来保证的。按照托马斯的说法，这样的货币也可以说是"黄金的取货单"。

在这样的格局下，信用货币的制造者是谁，是私人、银行还是政府机构，完全不重要。事实上，在人类社会里，没有比"真金白银"支撑更高信用的了。历史也证实了如此的判断，私人、银行和政府机构都依托"真金白银"制造过为人们广泛接受的信用货币。

历史常常会给出一些绝妙的安排。"真金白银"支撑的信用货币赢得了接受者后，货币制造者发现，人们只要用信用货币能够顺利完成商品流通或支付，绝大部分的信用货币，并不会回归制造者来要求兑换黄金白银。这一发现，导致了所谓"部分准备金"的货币发行制度出现，即只用一份真金白银的库存作为"准备金"，发行相当于多份真金白银的信用货币（如依托一盎司黄金的库存，发行相当于五盎司黄金的美元纸币）。这样，信用货币第一次获得了超过真金白银数量限制的扩张，特立独行的信用货币历史轨迹开始了。

应当说，"部分准备金"制度是货币史上的又一次革命。这次革命的颠覆性，甚至远远大于信用货币的初始出现。从理论和实践双重角度看，鉴于市场商品和服务的交易，总是需要有部分信用货币一直在其中运转，恒久地执行流通手段和支付工具职能，它们也就会沉淀在市场交易中，永远也不必回归到货币的制造者那里去要求真金白银，"部分准备金"的信用货币制造制度，也就确有其存在和运转的内在必然性和合理性。但是，如果这一制度的边界被突破，"部分准备金"改变为"极少准备金"甚至

"完全没有准备金"，由此来制造信用货币，那便是"空手套白狼"的信用滥用了。

有谁又能够突破如此"部分准备金"的信用边界呢？私人、银行还是政府机构？

常识告诉我们，当信用货币没有"信用"支撑时，它们只是印制精美的印刷品或是银行账户里的数字，既不能够带来商品和服务（或是不能够带来足值的商品和服务），又兑换不到实实在在的黄金白银，那么，谁又还会接受它们呢？除非存在某种强制力，即使某种信用货币的"信用"基础被掏空或"信用"被滥用，人们也不得不接受。然而，这种强制力又从何而来呢？

货币史上的再次巨变形成，这就是时下仍然主导信用货币制造的中央银行体制。历史地看，中央银行体制实现了信用货币制造权力的高度集中和垄断——绝大多数现代国家的中央银行是法律指定唯一从事货币发行的机构。这一机构，或者是银行精英们的集合体，或者是一国政府控制下的专门机关。由此，信用货币的制造，不是政府特许给予银行的权力，就是政府自身直接掌控的权力。当信用货币被赋予了现代国家法律的权威性，"法定货币"的名称便被加冕到了信用货币的头上，信用货币的强制接受力就有了。

毫无疑问，信用货币制造的唯一性和法律要求接受的强制性，导致了信用货币制造逻辑的人为扭曲：反正足值不足值的信用货币社会都必须接受，货币制造者便可以不再在乎，或至少不严格在乎"信用"的大小和有无，突破真金白银限制，突破"部分准备金"限制，甚至在极端的情况下，完全不在乎信用基础而滥造货币便有了切实的可能。可以说，信用货币制造权力的集中和垄断，创造了信用滥用的基础。

在托马斯的著作里，有许多关于信用被滥用而生成通货膨胀和危机的案例。其中最经典的，是第一次世界大战之后德国魏玛政府引发的恶性通货膨胀。1913年德国的货币总值仅为60亿马克。十年后，在柏林，一块面包就值4280亿马克，一公斤黄油值6万亿马克。从"一战"末到1924年，德国物价几乎上涨了一万亿倍。其原因，在于德国政府巨大的财政赤字无法弥补，而只能通过国家银行"高速度地"印刷钞票并强制要求接受来解决。在货币制造权力高度垄断的格局下，信用滥用到了几乎完全没有"经济价值"支撑的地步。接下来，货币毁灭、经济毁灭和社会剧烈动荡自然就无法避免了。

历史和逻辑是有其自身内在力量的。当信用货币的制造高度垄断并附加法律强制接受之后，信用滥用带来的信用货币贬值或价值丧失，必然以通货膨胀和货币危机（或金融危机）的灾难性结果展现出来。灾难的根源是如此清晰，以至于人们不需要任何的鼓动，便会将怨恨的矛头直接指向信用货币的制造者和管理者。一个货币方面的问题，一下子就转化成了社会问题或是政治问题。政治和银行精英们，当然会觉察到问题的严重性，他们通常采取各种可能的措施，抑制通货膨胀的蔓延和危机发展的深度，努力回归信用货币制造要求的天然"信用"基础，试图通过信用的逐渐回归，带来社会的稳定和政治的安全。

不过，通货膨胀也好，货币危机也罢，这些人造的灾难竟然在人类社会的历史里，会周而复始地出现。为什么精英们就不好生地汲取历史的经验教训，以理性的、有度的信用货币制造来避免这些灾难呢？托马斯的回答非常尖锐，振聋发聩。他认为，是政治精英和银行精英们的特殊权力需要、特殊利益诉求和特殊贪婪冲动，无时无刻不在冲击信用货币的天然基础，而货币制造权力的高度垄断和法律要求的强制接受，则提供了信用滥用的巨大可能空间。贪婪冲动和唯一特许的结合，必然导致没完没了的通货膨胀和金融危机。换言之，通货膨胀和金融危机，不过是政治和金融"合谋"的必然产物，它们又如何能够从根子上消除得了呢？当且仅当危机的灾难已经出现，威胁到了这种"合谋"的继续存在时，精英们才会进行止痛式的治理。

提出问题只是解决问题的第一步。那么，现实世界又当如何面对如此格局来进行"根治性"的变革，以消除通货膨胀和金融危机产生的基础，让这些人造的灾难远离人类社会？

托马斯从政治民主的视角入题，从货币的逻辑入手，紧密地结合市场经济的大环境，试图寻找到解决这一问题的现实可能途径。令人欣慰的是，他找到了一种

"解"——用政治民主取代独权垄断，推动货币发行主体的多元化，即信用货币仅由中央银行垄断发行转化为人人（包括个人和机构）都可以发行；同时，遵循信用货币的逻辑，建设人人都依托自我信用来发行货币的体系，逐步形成相互直接清算信用的市场网络，最终消除现在流行的现金货币或是国家性的信用货币。

这是一幅美妙的未来货币的图画。由于不再有唯一垄断的信用货币制造权，人们不再"不得不"接受信用不足或没有信用的货币，而是只接受信用足量的货币，这就如同你上街买菜，可以在一大堆西红柿里挑选最好的一样。整个市场经济的体系，就将由社会所有成员的真实信用所支持。你有多大的信用力量，取决于你有多大的提供商品和服务的能力，你可以依托这种能力，建立起你的信用；凭借这种信用，你也可以获取别人提供的商品和服务量。基于实实在在有商品和服务支持的信用，扩展开来，整个社会便不会有信用滥用的基础。一个完美的最后结局应当是，整个社会人与人之间相互使用这样的信用，并在交易中相互抵偿或清算各自的信用，那种垄断性的信用货币就不必要了，信用滥用的基础也不存在了，通货膨胀和金融危机的灾难便将成为历史。这就是托马斯描绘的"货币的终结和文明的未来"。

托马斯用四家关联企业相互清偿债务的例子，说明了用现在货币清算和未来不用这种货币清算的本质差别，用以证明"文明未来"的可期。四家企业之间相互循环欠债

100 美元，即 A 欠 B，B 欠 C，C 欠 D，D 欠 A，是经典的
"三角债"链条。在现在格局下，A 从银行借来 100 美元
进行支付，最终完成了链条上的债务清偿。但是，由于借
了银行的钱，A 要支付给银行利息，不论这些利息是由 A
承担，还是分摊关联企业，整个债务链条是增加负担了。
更重要的在于，利息支付还造成债务链条上的支付金额不
足，还要增加信贷，导致企业对于银行和货币支付被迫的
更大依赖。

如果不要银行和货币介入，A 开出一张欠条（相当
于依托自己的信用发行货币）给 B，B 支付给 C，C 再付
给 D，D 则回付给 A，整个债务清偿完成。这里没有现在
的货币，不需要银行，更没有利息支付，有的只是一种
对 A 欠条的信用基础认可，相信 A 有最终提供商品和服
务的能力，清偿实现了。在这种关系里，重要的只是信用
基础，至于清偿使用的工具，可以是一纸欠条，还可以是
某种记账方式，甚至是电脑里的数字。在没有对于银行和
现在货币依赖的格局下，企业获得的不仅是经济负担的减
少，更是经济和社会，甚至政治上相对完整的独立性。这
种独立性的社会结果，就是货币和银行消失，通货膨胀和
金融危机被连根拔起。

如此的例子当然是简单又理想化的。那么，现实生
活呢？大量鲜活的直接信用清算事例，给予了托马斯关于
货币未来的美好前景以足够大的信心和支持。1934 年成
立的瑞士 WIR 自助组织，以会员加入的方式，在没有官

方货币介入的情况下，会员之间也能够进行买卖，创造了一个相对独立的信用清算系统。按照托马斯所言，这个机构"事实上造就了一个独立的货币体系，与国家货币和银行体系平行运作"，它以会员们的信用为基础，通过直接的信用清算，实现了相互之间的买卖交易。虽然在几十年后，这个机构被改变成了一家常规的银行，但会员之间直接清算的制度安排仍然存在，它们显然是上面四家企业直接清偿债务例子的一个现实版本。

20世纪90年代，阿根廷出现巨大的债务危机，国内贫困和失业日趋严重，经济增长和贸易面临十分困难的局面。在官方无力面对复杂的经济和债务困境时，民间采取了自助和互助的方式来自我解救。90年代中期的阿根廷"社会货币运动"，就是从易货贸易的俱乐部开始，发展到各种俱乐部自行发行"信用券"来进行直接清算的社会性自发运动。在这个运动的高峰时期，不同俱乐部发行的信用券得到接受，形成了巨大的贸易和支付清算网络，替代了官方货币而成为阿根廷经济和贸易的重要信用工具。虽然由于管理失误、诈骗和误信等原因，进入21世纪之初，"社会货币运动"几近崩溃，但其表现出来的对于官方货币替代的积极方面，仍然值得称道。况且，这一运动一直在恢复和完善之中，表明其内在的生命力和独特的能量。

两个直接信用清算事例，均发生在社会经济危机之时。瑞士WIR自助组织的面世，是20世纪20年代世界经济大萧条的直接产物，阿根廷的"社会货币运动"则是南美债务危机引致出来的。当社会经济转向常态时，此类组织和货币的发展就受到极大的限制了。这种现象引起了托马斯的高度关注。按照他的理解，如此现实，一方面，表明政治和银行精英们只要社会经济平稳下来，他们就将回归本态，再次强化信用货币制造的集中和垄断，压迫民间信用工具生存的空间；另一方面，表明通货膨胀和金融危机类灾难，仍然将"周期性"地出现在人类的社会生活中，因为产生灾难的根源不但没有消退，而是大有变本加厉之势。在这里，托马斯再次坚定地举起了他那把"消除货币制造垄断"的手术刀。

实际上，就在一个社会经济常态的格局下，也存在着大量不需要某种货币的直接信用清算。在许多大企业集团内部，各关联公司或是部门之间，就存在着内部的"交易"关系，它们凭借各公司和部门之间的各自"信用"，通过记录一些交易数据，就完成了大量的买和卖。此外，在当今电子网络交易中，存在一种"积分"式的交易，这种积分就是一种信用的积累，达到一定量，便可以用来交易而不需要任何货币的介入。社会的信用和信用的直接使用，是一个天然的存在，并不关乎经济是常态还是异态。

很显然，从政治上看，托马斯是富于理想主义色彩的。他关心历史和现实生活中货币与政治的特殊关系，关心货币问题上的民主、公平和正义。他认定，信用货币制造权力的集中和垄断，就是信用被滥用的政治和社会根源，通货膨胀和金融危机的灾难，根本不可能在如此政治和社会基础上消除。未来政治的清明、社会的进步和文明的大业，必须以去除信用货币制造的高度集中和垄断为前提。从逻辑上讲，托马斯又是推理严密的。信用货币的灾难，一定产生于信用的滥用；信用的滥用则一定产生于信用权力的集中和垄断。消除信用货币带来的灾难，必须消除其产生的源头，这便是消除权力的集中和垄断。在此，托马斯的政治理想和信用货币的内在逻辑统一了起来。

从另一个视角看，托马斯是批判的，又是建设的，还是当下的。他并没有在批判信用货币制造集中和垄断的同时，提出摧毁市场经济制度和与此关联的政治和社会结构，去描绘一个遥远的理想社会；而是从现实可能出发，寻找到解决问题的具体办法。这就是社会直接信用体系的建设——信用货币的发行由单一垄断在某个机构，逐步地发展到发行主体的多元化，塑造出政治民主、信用有度的社会全新信用体系。在此体系下，垄断就将不再，政府角色也将受到约束，通货膨胀和金融危机的灾难就将渐渐地远离我们。这样的"文明未来"是如此地触手可及，让我们充满了期待。

2013 年 1 月 3 日　星期四　修改完稿

（原载《读书》2013 年第 7 期）

世界经济的大衰退正在到来？

- "二战"后历次危机和衰退的共同点是，某种债务链条陡然断裂，"多米诺骨牌"式地引发了金融和经济灾难；随即，政府这只"看得见的手"出来干预，以大量新债的增加，"重组"债务，应对危机。如果说，沉重的债务是危机和衰退的最初缘由，以"新债"来解救危机，就是"以毒攻毒"。结果，医治了旧痛，埋下了新患——下一次危机和衰退出现，有了历史和逻辑的必然。

- 这些年，各国政府为经济复苏做的努力，已经将政府债务增到了天量，货币利率则压低到了地板，"看得见的手"的能量基本耗尽。新危机若是到来，各国政府真的没有什么"牌"可出了。

写下题目，我有些悲情。2008年的那场全球金融危机，过去快十年了，整个世界仍然在焦虑之中，翘首等待复苏的福音。上苍的回声有点残酷，时空中传来的信息，不只是让人无法乐观，更是令人不安，难道又一场危机要到了？果真的话，这些年，世界各国一直在做的复苏努力，作何评说？

忧心忡忡竟为何？

自 20 世纪经济"大萧条"以来，研究金融危机和经济衰退的文献，可谓汗牛充栋。如果要找近年出版、分析全面、触及要害，并在当下有推演未来价值的著作，我推荐澳大利亚金融思想家萨蒂亚吉特·达斯（Satyajit Das）的作品 *The Age of Stagnation: Why Perpetual growth is Unattainable and the Global Economy is in Peril*。此书的中文版《大停滞？全球经济的潜在危机与机遇》译得流畅，但书中"机遇"一词，有点画蛇添足。英文书名无此词，书中也无相关内容。不过，"大停滞"的译法很到位，因为它表明的，不是一个时点，而是一个时段，甚至一个时代的特征。

从时间上看，此书有历史的精练叙述。作者将第二次世界大战后直到近年世界繁荣和萧条的起伏历史，讲得简明扼要、线路清晰、重点突出，还夹叙夹议，让你重读历史的同时，梳理出"停滞时代到来"的史实脉络。从逻辑上看，作者条分缕析，以大量的数据和经典事例，解说了繁荣和萧条交替来去的丰富成因，基于这些成因，演化出了令人不安的逻辑结论：世界正在或已经进入"停滞时代"。历史叙述和逻辑线条的高度契合，让我们对此书的结论无法不深以为然。我敢说，认真读完此书的人，内心大多会不安起来。

在现代经济历史里，金融危机和经济衰退是经常出现的。由此而来，学界大致分裂成了两大阵营：一个阵营将这样的现象视为自由市场制度下的客观存在，不少学者还将其归到"周期性危机"的理论框架中来，认定其是必然的、有规律的，因而对其不必过于在意，更不必进行人为的干预，"看不见的手"会自我调节——大多数自由市场经济学派都在这个阵营里；另一个阵营则认定自由市场制度并不能够自动达到平衡，市场常常会"失灵"，其中有些金融危机和经济衰退，就是市场"失灵"造成的，需要"看得见的手"进行调节——以凯恩斯主义为代表的各路"干预"学派，集中在这个阵营里。

奥地利学派，值得单独一提。这个学派认为，自由市场制度完全有内在的力量，自然而然地实现市场的供求平衡。如果一个经济体系完全由市场自行去运转，市场不规则的小波动是会有的，但绝对不会出现金融危机和经济衰退，更不可能出现"周期性的"灾难。换言之，现代经济历史上出现的危机和衰退，都是人为造成的，特别是现代金融的信贷扩张，制造了周而复始的市场大起大落——天下本无事，人类硬是自己制造了危机和衰退的"魔鬼"。无疑，相应的经济主张，就不仅是放任市场自由运行，还要求实施过的人为干预政策，归位于零。奥地利学派比一般自由市场派，走得更远。

与理论学派的多元丰富不同，历史的真实过程是，20世纪20年代末的"大萧条"之后，凯恩斯主义盛行，政府这只"看得见的手"，大行干预之道成了常态。这种干预，主要由财政政策和货币政策两方面组成。简单说就是，经济衰退时，实施扩张性政策，加大政府债务或财政赤字，增加货币供应量或降低利率，通过扩大所谓总需求，刺激经济回升；相反，当经济高涨时，实施收缩性政策，控制政府债务，减少货币供应量或提高利率，通过抑制总需求，防止经济过热。一切都那么美好，自由市场起伏的缺陷，由政府的干预给予了补救，经济增长将永恒地平稳了。

不幸的是，达斯告诉我们，凯恩斯主义也掉进了"失灵"的陷阱。各种政策措施，特别是危机和衰退时的扩张性做法，越是往后，就越是失效；而越是失效，扩张的政策就不得不越是加码——干预的规模一次比一次大，扩张带来的复苏效果则一次比一次弱，直到走向几乎完全无效。这也就是当下正在上演的"停滞增长"的悲苦戏。虽然说，历次金融危机和经济衰退到来，凯恩斯主义的幽灵总是能够鲜活地登上拯救者的"王位"，甚至2008年金融危机时还有"人人都是凯恩斯主义者"的说法，然而，扩张政策效果的递减，给予了凯恩斯主义一次强于一次的打击。2008年危机后至今的这一次打击，很可能是致命的。

达斯告诉我们更大的不幸在于，"二战"之后的金融危机和经济衰退历史，是政府干预由量的扩张到质的蜕变的历史——随着时间的推进，政府这只"看得见的手"，已由早期危机和衰退的拯救者，转变成了危机和衰退的潜在制造者。大量的数据和事例表明，各国政府在历次危机和衰退到来时，增加了巨量的政府债务和超常的货币量，深度地介入到了经济体系之中。政府不再只是干预的主体，同时也是干预的对象；政府每次干预时增加的债务和货币量，不再只是干预使用的"工具"，同时也是新危机和衰退的"因子"。要命的是，这些"因子"无法自我消解，累积至今，已经成为金融和经济灾难新的"火药库"。仅是政府累积的债务一项，就足以单独引发一场巨量的金融危机和经济衰退。如果加上家庭、企业和金融机构关联的灾难因素，我们无法想象，下一次危机和衰退会是如何的景象！

那么，自由市场阵营里那只"看不见的手"呢？为什么不让它出来发挥作用，抑制或是减少政府的过度扩张呢？我们知道，和政府这只"看得见的手"不同，市场那只"看不见的手"不具有主动作为的天然规定。它能否发挥作用，要么取决于政府对于自由市场理论和力量的信奉，主动地让出些许干预空间；要么政府完全丧失了扩张的功能，无可奈何地交出干预之位。在这一问题上，达斯传递出的信息，仍然很不幸。

从"二战"以来的世界经济历史看，政府的本质就是干预。自由市场理论特别是奥地利学派的学说，与政府本质是冲突的，不可能成为政府的"座上宾"。它所张扬的自由市场力量，恰恰是政府"看得见的手"的天敌。为什么"二战"之后至今，凯恩斯主义屡遭失败却仍被奉为圭臬，其与政府本质的契合便是缘由。可见，从政府的视角，放任市场自由运行是不现实的，纯度大的市场制度更只能是"乌托邦"。在这里，隐含的可怕结论是，若新的危机和衰退到来，指望政府主动让位由自由市场力量去自发调节，那是不可能的。除非，政府完全丧失了"看得见的手"的扩张功能。

这是一个"不幸"叠加的时刻：政府"看得见的手"的干预效果走到了尽头，由扩张干预累积的巨量债务和货币量已成了危机和衰退之源，那"看不见的手"则完全无法得到政府的认同登场挥戈。这预示着下一场更大的金融和经济风暴随时都可能到来。一旦灾难降临，我们不禁要问，拯救世界的"手"又在哪里呢？

"以毒攻毒"如何了结？

金融危机和经济衰退，严格说起来，是两件不同的事情。前者主要指高通货膨胀或资产泡沫、银行倒闭和金融市场崩盘等金融现象，后者则主要集中在经济增速陡降、失业激增、商品和劳务市场严重失衡等方面。当经济生活的金融化水平越来越高时，金融危机和经济衰退就搅和在一起了。现在的世界，许多国家货币供应量占国内生产总值（GDP）的比例很大，相对小点的在60%到100%之间，大的已超过100%，甚至数倍。经济的金融化程度很高了，金融危机和经济衰退也就进退相随。危机越大，衰退也就相应越大。

每次危机和衰退的具体缘由是不同的。然而，将"二战"后历次危机和衰退的共同点展示出来，那便是某种债务链条的陡然断裂，"多米诺骨牌"式地引发了金融和经济灾难。随即，政府这只"看得见的手"出来干预，以大量新债的增加，"重组"债务，构造出分布更广、时序更长、犬牙交错的新债务链条，试图以此来拯救金融和经济。如果说，沉重的债务是危机和衰退的最初缘由，是"毒药"的话，那么，以"新债"来解救危机，就是"以毒攻毒"。结果，医治了旧痛，埋下了新患——下一次危机和衰退出现，有了历史和逻辑的必然。"以毒攻毒"一语，形象、清晰、准确地道破了现代经济中"周期性"危机和衰退的机理。

国际金融协会最新公布的数据表明，到2016年三季度末，全球的债务总额为217万亿美元，推算当年总债务占GDP的比重为325%。2000年，这两个数据分别为87万亿美元和246%；2007年，即全球金融危机的前一年，债务总额达到了142万亿美元，比重升高到269%；2014年中，这两个数字继续增长，分别为199万亿美元和286%。这一组数据告诉我们，世界进入21世纪以来，全球的债务总量和占GDP的比重一直在增加，而且债务的大幅增加并未带来经济的较快增长。如果将全球看成一个债务人，这意味着他的债务负担越来越重，而偿还能力则越来越弱。在这样的时段里，金融危机和经济衰退，不是在发生之时，就是在酝酿之中。

从债务结构上来看，家庭、企业、金融机构和政府的债务都在增加，但增长的速度是大不相同的。从2014年中起，全球政府的债务总额成为四者之中最大的，达到了58万亿美元（同期家庭、企业、金融机构分别为40万亿、56万亿和45万亿美元）。2007年到2014年中政府债务总额增长速度，年复合增长率为9.3%，大大高于其他债务主体的增长速度（同期家庭、企业、金融机构分别为2.8%、5.9%和2.9%）。这个跨越2008年全球金融危机时段的政府债务大幅增加，表明各国那只"看得见的手"出手凶狠，大刀阔斧，瞬间就成了"天下债王"。

一般而言，家庭、企业和金融机构的债务增加，总是有某种限度的。借债一方要考虑自己的偿还能力，放债一方则需要考虑收回本息的风险，双方都不大可能无度地增加债务总量。然而，从现代经济历史来看，在人性贪婪、利润驱使和政治选举等压力之下，家庭、企业和金融机构的债务总量边界是存在的，但很不牢靠，一旦某个阈值被突破，这三者之间形成的债务链条就气若游丝。回看2008年美国金融危机时，那个称之为"次贷"的住房贷款，借款人竟然可以是"三无人员"（无存款、无收入、无工作），债务人完全没有基本限定。贪婪的个人和逐利的企业、银行，便由"次贷"组合成了复杂却是摇摇欲坠的债务大厦，债务链条上任何环节断开，整个大厦就必定倾覆。如此灾难性的一幕，我们是活生生地见到了。

政府好像是个例外。虽然现代政府大多也是靠债务过日子，在危机和衰退之时，还要以救世主的身份通过更大的债务增加，拯救金融和经济，但是，似乎没有几个人质疑如此债务的迅猛增加。难道政府就可以随意地增加债务而不必考虑偿还能力？它们又是从哪里借来如此巨额的钱呢？难道借钱给政府的债权人就不用盘算回收本息的风险？难道由政府形成的债务链条固若金汤，永远不会有断裂的时候？或者说，政府债务永远都是好用的"天使"，不可能是制造危机和衰退的"恶魔"？

让我们看看美国。2006 年，美国的公共债务总额（政府公共债务加上政府间债务）为 8.68 万亿美元，2016 年底增加到了 19.97 万亿。十年间翻了一番多，由此可见政府债务增加的"随意性"。查阅美联储官网，作为美国货币发行机构和"最后贷款人"，近些年，美联储通过非常规的货币供应和货币"量化宽松"直接购买国债，成为美国政府的主要债权人。2008 年 1 月 2 日，美联储的资产总量为 9260 亿美元，其中持有的政府债券为 7400 亿美元；2016 年 10 月 26 日，美联储的资产总量扩张到了 4.5 万亿美元，政府类债券量达到了 4.2 万亿美元，资产总量和政府债券量分别增长了 3.8 倍和 4.7 倍。

在现代货币体系中，一国中央银行具有无限创造货币供应的制度设计，俗称"印钞机器"。当它成为政府债务的主要持有者时，表明政府借来的钱，大部分都是机器"印出来"的，而不是根据实际商品和劳务的产出量"生产"出来的。事实上，美联储自有的资本量很小，资产量扩大，主要就是靠"印钞票"。2008年初，它自有的资本量为370亿美元，那时，这个资本量还只是扩张到了9260亿美元的资产总额；2016年，它的资本量为400亿美元，增加很少，而资产总额则扩展到了4.5万亿美元之巨！美国经济学家弗里德曼"从直升机上撒钱"的说法，完全不是理论的戏言，而是美国经济生活的现实！

说到政府债务的偿还能力，不论是理论观点还是实践经验，都没有成形的界定。通常而言，有两个因素可以用来判定政府债务的合理与否：一是一国市场经济体系的发达和完备程度，二是政府债务占本国GDP的比重大小。具体讲就是，发达和完备的市场经济国家，相对来说，可以承受更多的政府债务而不会出现违约，新兴市场国家和欠发达国家，承受力要低些。同时，历史数据和经验告诉我们，政府债务占GDP的比重，只要超过100%，不论哪种类型的国家，都是非常危险的。2016年11月7日，美国政府债务总量占GDP的比重，已经达到了106%，债务的"魔鬼"至少是发育已经完整，只待某日"夺瓶而出"。

从政府债务的主要提供者中央银行来看，这个"印钞票"的游戏，究竟何时会玩不下去不得而知。中央银行购买了大量政府债券，也就是注入到了经济体中大量的货币。尽管有无限创造货币的制度设计，任何一个经济体的运行，实际上都明确无误地设定了货币供应量的极限。这就是当利率水平降低为零时，货币的供求僵滞了，再多的货币供应就是多余的。看看当下的世界，为数众多的国家利率水平都已经低至为零，欧洲、日本等区域或国家的利率竟然还出现负数。货币供应的无度，已经完全违背了市场供求决定价格的"铁律"。可以肯定地说，"印钞票"的游戏，现在已经走到了尽头。美国的利率水平也是接近于零，美国政府再要从美联储获得钱干预经济，不再有空间了。

正因为如此，美联储近年一直在谋求提高利率水平，努力脱离"零"的地平线，回撤货币量。美联储升息的逻辑，学界、业界大多认为是经济回暖后，主动控制货币供应，其实这是货币供应量走到极限值后被动的唯一选择。美联储"印制的"钞票实在是太多了，恰似人为注入胡佛水库过多的水，已经溢出了大坝，不仅对灌溉、航运、发电全然无益，还危及到了大坝的安全。此时泄洪，是完全没有其他选项的选择。

将美国政府的债务"魔鬼"和美联储的"印钞"游戏结合起来看，如果说，以往家庭、企业和金融机构的债务链条断裂引发危机时，政府这只"看得见的手"还可以从中央银行获得货币量来"修复"断口，连接上债务链条，那么，现在就不再有如此可能了。更恐怖的是，现在的政府和中央银行，自身也深度地加入到了家庭、企业和金融机构的债务链条之中，新危机和衰退一旦发生，政府债务的"魔鬼"就会兴风作浪，中央银行的货币价值就会岌岌可危。这是一幅让人不敢往下想的画面！更何况，当今世界，又岂只有美国是如此呢？

新的大衰退不可避免？

如今的世界，又到了紧要关头。有些经济现象，已经显现出新危机的某些征兆。例如美国，狂升不止的股票指数，创出历史新高的汽车次级贷款和走高的违约率，不同收入阶层负债承受能力的下降等，与 2008 年危机的"前戏"，颇有些相似。这些年，各国政府为经济复苏所做的努力，已经将政府债务增到了天量，货币利率则压低到了地板，"看得见的手"的能量基本耗尽了。新危机若是到来，几近"弹尽粮绝"的各国政府，还有多少"牌"可出？

真的没有什么"牌"了。令人惊诧的是，不少经济体还在高举"凯恩斯主义"的旗帜，继续着"以毒攻毒"的扩张性财政和货币政策。看看欧洲中央银行的超宽松货币供应，时下仍然没有收手，欧洲版的"量化宽松"可能会超过美国；欧洲一些国家的债务不堪重负，但政府仍然在大举借债。再看日本的"安倍经济学"，不断让日本政府刷新债务纪录，2016 年底政府的债务总额，已高达 9.5 万亿美元，日本国民人均要承担 7.4 万美元；日本中央银行的货币宽松，甚至有"加码"供应的说法，这不过就是加速"印制日元"的别名。

这些做法的理论依据是，政府债务和货币量增加，将刺激经济增长；经济增长转好后，反过来帮助政府收缩债务和回收货币量。通俗讲就是，政府借别人的钱，再借给你去赚钱，你赚了钱后还钱给政府。结果是，政府债务拉动了经济，家庭、企业和金融机构都"有钱"了，政府的债务可以清偿，税收还可以增加，整个社会皆大欢喜。这个极富想象力的理论，对于政府具有超常吸引力。加上政府债务扩张，早期、短期的确产生过一些效用，扩张的政策选择，就被长久地供上了不可替代的神龛。

现实很无情。2008 年金融危机后，尽管各国政府采取了疯狂的"刺激"，世界经济至今没有走出低谷，并无法排除长期走低的趋势——持续性、高强度和无限制的"以毒攻毒"，也将政府深深地卷入到了危机和衰退之中，越是往后的干预，也就越是具备了"毒上加毒"的政策本质，必将长期地拖累经济增长。当医生不再是治者，同时也是病者时，这个世界就只有包括医生在内越来越严重的病患了。"看得见的手"的"刺激"举措，走到今天，竟已成了经济停滞的帮凶，甚至是元凶。

说到这里，达斯不只是强力地撕开了遮掩痛苦实情的面纱，将"看得见的手"推上了历史的审判席，他还展示了一条或许能够走出困境的痛苦通道：完全地交给"看不见的手"去调节，让纯度高的自由市场制度自己运行如何？由此，达斯将我们带到了"冰火共存"的国家冰岛。

2003 年，冰岛最大的三家银行的资产总额和该国当年国内生产总值持平。在强烈"刺激"之下，到 2008 年金融危机之前，这几家银行的资产狂增至了 1400 亿美元，是国内生产总值的 8 倍之多。从政府层面到家庭、企业和金融机构，从股票价格暴涨、房地产市场火热，到个人拥有资产量的巨大增加，无一不标明冰岛当时是最富有的国度之一。2008 年的金融危机横扫了这个美丽的北欧国家，各种债务链条全面断裂，国内生产总值陡降到历史性的低点。一夜之间，冰岛金融和经济从热过火山的温度，断崖式地栽到了冰点之下——国家面临破产。

当危机毁灭的不只是金融和经济体系，也毁灭了"看得见的手"的干预功能时，冰岛政府就完全没有能力扩张债务和货币量来救市了，金融和经济被迫交予"看不见的手"去运作。再大的银行只能眼睁睁地看着倒闭，再多的"金融财富"也只能任其跳水式地贬损；昨天还是腰缠万贯，今日就必须节衣缩食，国民生活水平跌进深渊；股市完了，房地产市场歇了，30 多万人的国家有超过 10 万人准备移民。

这时，冰岛政府所能够做的努力，就是不让任何可能"刺激"经济的人为力量再出现，一方面实行严格的资本管制，彻底清除以往强烈的"刺激"之"毒"；另一方面让经济自由地回归冰岛天然禀赋的农业、渔业和旅游业等。冰岛的经济一时间是大大地衰退了。大量的冰岛人，从金融资产富庶、不劳而获的"食利者"，瞬间变为了肩扛手提、汗水淋淋的"打工仔"。这些年，只有冰岛人自己清楚，究竟付出了什么样的沉重代价，承受了什么样的艰难困苦和内心屈辱。结局是令人欣慰的，一场壮士断腕般的衰退，换来了一局经济重生的好棋。就在其他国家强烈"刺激"都不奏效的情况下，"无为而治"的冰岛，迎来了经济的有力复苏，增长速度超过全球平均水平，2015年和2016年甚至连续达到了4%的高度。

难道"冰岛模式"就是最后答案？在金融危机发生之后，各国政府听之任之，不是进行大规模的财政和货币扩张，而是忍辱负重地承受金融灾难的打击和经济衰退的折磨，让"看不见的手"痛苦地、自然地、缓慢地修复金融和经济体系？这一点，事实上是做不到了。历史不会重来，各国政府在2008年危机后，已经采取了强势扩张的政策。然而，从冰岛经验来看，各国政府是否可以从现在开始，逐步减少和退出这些干预行为，至少不再加大扩张，用一场"主动"承受的衰退，避免未来大到不可收拾的危机和衰退到来？达斯没有正面回答。我也不敢正面回答。

冰岛太小了。因为小，任何一个比它大的政府，都很难认为"冰岛模式"具有可比性，更谈不到借鉴；同时，"冰岛模式"又太特殊了，特殊到当且仅当政府这只"看得见的手"的功能完全失去后，才被迫不去扩张的。任何政府，哪怕只有极小的扩张能量，它们也不会放弃干预，心甘情愿地让"看不见的手"去运作。总之，"冰岛模式"

仅仅是特殊又特殊的案例，"看不见的手"在冰岛危机之后获得的成功，并不表明它会被其他国家政府所器重，更不可能被抬升到其他国家政府"工具"的位置上。

一边是各国政府这只"看得见的手"逼近扩张功能的极限，同时积累出日益严重的新危机"因子"，一边是自由市场这只"看不见的手"仍然难以登场，当又一次危机隐隐约约地冒头之时，我们真的不知所措。鉴于各国政府现在根本不可能停止继续扩张的干预，更不可能主动缩减历次扩张沉积下来的巨大债务和货币量，下一个更大危机的到来，主要起因就必定是各国政府无度的扩张本身。一旦政府巨大的债务和货币量成为新危机的主角，那必将是全面性的危机，家庭、企业、金融机构和政府，无一不沉陷其中，谁又还能够拯救得了这个世界呢？随之而来的经济衰退，谁又清楚整个世界将为此付出什么样惨痛的"超历史性"代价呢？！

2017 年 3 月 11 日　星期六　修改完稿

（原载《读书》2017 年第 5 期）

关于体制思维

- 在体制思维里，存在两大误区，一是"所有的问题都来自体制"，另一是"一定存在可以解决所有问题的最佳体制"。两大误区导致的结果，就是"体制万能主义"和"体制懒惰主义"。
- 与体制相关的另一个重要因素是"人"，重视"人"本身，一直就是人类需要经常自我觉悟的事情。

体制"万能主义"和"懒惰主义"

中国近几十年经济体制改革的巨大成功，不仅带来了国家经济实力的强大和百姓生活的富足，也带来了国人思维方式天翻地覆的变化。每当遇到问题难以解决时，人们便剑指体制，认定既有的体制无法提供解决问题的基本前提或基础支持。在此思维导向下，改革现存体制，自然就是不二选择。这就是我们经过了这么多年的革旧布新，却一直还在呼唤、推动并进行各种各样改革的缘由。诚然，不断演进的改革，破解了原有体制下大量的问题。如此的体制改革绩效，叠加起更大的激励，那个被术语化的"改革红利"之说，早已成为日常词汇而广为人知。

然而，在现实经济生活中，有些体制的变革，并没有带来相关问题的解决，反而形成了新体制下新的问题，并且在与原有问题的纠缠中，复杂化了新旧问题的广度和深度；还有一些体制的变革，表现为"分分合合"的来回"翻烧饼"，以"分"的体制对付"合"的问题，或是以"合"的体制对付"分"的问题，结果是"分"和"合"体制下各自的问题，仍然如故，体制调整成了日常事项；更有一些体制的变革，针对问题而去，却由于认知的不足，仅仅只是完成相关问题的转移，并没有实现问题的解决，体制的变化只是自调"颜值"，无关乎真实问题，有时还掩盖问题，提供体制改革有效的假象。

以企业体制改革为例，长期以来令人头痛的"条条块块"等体制问题，至今仍然没有找到"唯一解"或"最优解"。不少企业都尝试过业务条线的"纵向体制"或事业部制，条线与条线之间的边界一经分列开来，企业实际上就成了多个独立利益体的"条条"物理拼图，凡是跨越条线的综合性业务，通常内部的协调成本非常之高，高到条线之间需要进行交易，交易的价格甚至超过外部市场水平；"大部门制"也是许多企业改革的现实选择，减少管理的"多头"是一个正确的改革目标，但"大部门制"很多情况下，只是将原来分散在多部门的问题和矛盾，集中到少量部门而已，有些问题在一个部门得到了解决，而有些问题，则形成了"大部门"内部的矛盾，亦是迟迟难以解决；还有"扁平化"的体制改革，减少层级和减少部门具有同质性，扁平到某种程度之后，基层问题和矛盾直接上移到高层，由于高层缺乏足够的"微观能力"，高层出现管理混乱，一些管理"真空"出现，基层也失去了经营竞争力和秩序。

还有更为理想化的改革设计，即"矩阵式"的企业体制创造，试图破解条线和块块之间的矛盾。遗憾的是，纸面上画得清楚的纵横交叉"矩阵"，实际运行中却流于形式。许多企业的类似改革，终究还是落入到某种传统的"条条"或"块块"体制之中，必须依靠某些价值观、文化理念和人的主观能动性，以及管理人员的个人权威或是命令等，来弥补体制的不足。不客气地讲，"矩阵企业"的空中理想，一直就没有落实到地面上过。

从体制改革取得的巨大成效和某些体制调整的效果欠佳，不难得到这样的结论：体制变革并非万能。换言之，除了体制改革，我们还应当去发现和认知体制之外解决问题的途径与方法，有针对性地破解现实经济中的难题。颇为费解的是，即使体制调整未能达到设计效能，人们还是更多地从体制的视角，去看待所遇问题，仍然寄望于再一次的体制改革来解决问题。如此而行，体制改革常态化起来。甚至，一些组织，特别是企业，只要"一把手"调整，新一轮的改革就在所难免。

136

　　在这样的格局之下，一方面，体制改革成了"主业"，改革自身的成本大大增加；另一方面，业务的经营管理"双重地"受到影响——既难以获取和配置充足的各类资源，又在新旧体制的频繁变化中无所适从。如果说，这样的体制改革最终仍然无法覆盖成本，并获取"改革红利"，那么，再一次的体制调整又得鸣锣开场。这样的体制变革，就成了实实在在的"体制折腾"。毫无疑问，如若没有足够大的经济实力作为基础，绝大多数的企业无法承受这样的改革成本。这不是理论的推测，我们有些企业，就是在这样的反复"折腾"中，走向了极度的困境，甚至走向消亡。

　　这显然是体制"万能主义"的思维方式在作怪。为什么会产生这种思维方式呢？除了以往改革成功的巨大激励外，至少有以下两个方面的重要原因。

　　一是人们很少考虑"改革成本"，或是即使考虑也不去计算"改革的全部成本"，认定改革是或基本是"免费"的制度调整，只带来净收益。当我们听到"这必须改革"的说法时，大多数情况下，说者的全部指向只是遇到的问题，很少想想要付出多么大的代价，才能建设起解决问题的新体制。而且，对于某些改革主体而言，如垄断性企业，由于它具有"垄断利润"或是改革成本可以转化给外部（如调价等），"改革成本"也的确不必斤斤计较。既然改革可能带来问题的解决，又无成本之忧，何乐而不为呢？

二是人们迷信所有的问题，都是体制带来的。而且，人们迷信，存在一种最优的体制，能够解决所有问题。一旦问题摆在我们面前，改变现行体制就是解决问题的代名词——只要按照某种理想的思路，建造出全新的最好体制，问题就会消失。因为此，在我们现实大量的调查研究报告里，"体制不合理""改革不到位"或"改革不彻底"一类的字眼，出现频率之高，令人惊叹。既然体制一定是问题的根源，不拿体制开刀，何以解题呢？更何况，新体制之钥匙，必打开旧问题之锁无疑。

应当说，在当下，体制"万能主义"的思维方式是具有相当普遍性的。需要警觉的在于，当体制"万能"成为一种思维惯性时，它往前走一步，便是体制思维的"懒惰主义"。这是因为，基于对体制能够解决所有问题的笃信，人们可以不假思索，一味简单地从"体制不合理"上去寻找答案——凡涉问题者，皆出自于现体制；凡破解之途，皆寄望在新体制。由此而来，一个可怕的体制"懒惰主义"萌生出来了。实际上，从某个视角上看，体制的"万能主义"也就是"懒惰主义"。

更需要警觉的在于，这种思维，会带来未曾深思熟虑的"新"体制对"旧"体制否定的反反复复调整。这种调整不仅无法解决遇到的问题，其试图解决问题的设计和实践，由于缺乏缜密研判，针对性弱，本身就是一个新的问题。因此，思维上的体制"懒惰主义"，以其"懒得思考"而无需"心思"耗费，却必定会引致改革实践曲折复杂，在收效甚微的同时，带来巨大的体制变革成本。

体制思维的"两大误区"

几千年以来，人类的思维方式是颇为多元的。但综合起来看，无外乎两种：

一种是极端性的思维方式，另一种则是非极端性的。历史表明，人类很容易走向极端性思维，并且对其中的"极端性"，却不容易有"自知之明"。换言之，尽管大多数人并不倾向于"极端性"，有的甚至反对"极端性"，但许多人经常进行着自我并未在意的极端性思维。这一点，应当与人类的信仰相关。对于相信特别是坚信不疑的东西，人们极易将其推崇到"至上"之位，极端性就有了。上面关于体制思维的"万能主义"，显然就是极端性的思维问题。

极端性思维是一种过度夸大、接近扭曲、远离实际的思维。在体制思维里，有"两大误区"将此等思维的特性展现得淋漓尽致。它们就是，"所有的问题都来自体制"（以下简称"问题体制"），"一定存在可以解决所有问题的最佳体制"（以下简称"最佳体制"）。颇具意味的是，许多人并不一定明确地用如此语言表达，却在研究体制问题和实践运作上，将此等"误区"表现得非常充分。诚然，根植于意识深处的东西，总是要显露出来的。

我们先看第一个误区。这是一眼就能辨清正误的思维判断：现实世界里，不可能所有的问题都来自体制。有些悲情的是，人们常常如此思维，却不去分辨其正误。如果我们简化对一个组织的认知，将体制和人确定为构成组织的两大元素，那么，这一误区所展示的，就是过度夸大了体制的"问题"功能。与此同时，则将人产生"问题"的机能抹去了。鉴于现实世界里，人必定是"问题"的制造者之一，这一误区，也就是人为地将许多"问题"，从人那里，转移到了体制之上。表面上看，如此的思维判断，痛陈体制之弊，发现了问题所在；实际上，则是对现实的扭曲。其中，人，被排除在产生问题的源头之外，似乎被赋予了一种完美，但这等不切实际的衬托，只能说，人是被忽略不计的。在一个组织里，如果人没有得到起码的重视，这个组织就不可能是完备的。由此而论，第一误区之"误"，一方面，在于将"问题"极端性地强加于体制；另一方面，则否定了人的存在。这是一种残缺不全的思维。

仍以企业为例。一个企业不只有体制问题，还有战略问题、管理问题和执行问题等。这些问题，自然会关联到体制，但同时，更关联到人。特别是，在体制相对成形的企业里，绝大部分问题，都是如何确定好的战略，如何实现好的管控，特别是如何激励起所有层面的执行积极性和创造性的问题。在这里，人的因素，具有决定性的意义。当我们心目中只有体制而没有人，一味地将本来关联人的问题，强行地划列到体制范围内时，我们便驶进了"南辕北辙"的极端性思维之轨。试想，这等思维之下的问题求解之道，只可能从体制改革或调整方面动手，由于问题更多关联人而非体制，指望体制转变带来问题消失，是不可能的。

第二个误区是理想主义结出的"梦幻之果"。这也是一眼就能分辨正误的思维判断：现实世界里，不可能存在可以解决所有问题的最佳体制。同样悲情的是，人们偏偏相信，至少愿意相信有这样的体制，只是我们还没有构建完成或改革到位而已。特别是，一些在位者通常认为，最佳体制之所以还未达至，或因过往的环境或条件不够，或因先行者努力方向不对甚至努力程度不够。潜台词就是，最佳体制是一定有的；而且，今天与昨天相比，环境和条件更好，变革的方向更明，只要加倍努力，体制的巅峰并非遥不可及。

从本质上看，这一误区与"问题体制"异曲同工。关键点在于，它只见体制不见人。具体地说，它否定人的主观能动性，将某种体制等同于解决问题的全部所在，极端性的"最佳体制"自然就是解决所有问题的全部所在了，人的因素完全彻底地消失。相比于"问题体制"，"最佳体制"之说，以一种"乌托邦"式的虚幻预计，不只是用体制代替了人的作用，更是代替了现实的真切。无疑，那些真实存在的问题，一旦拿到虚化的空间去解决，结果只能是纸上谈兵，成为某种思维的游戏，而问题依然是真实存在的。如果将这样的思维游戏，演化成体制改革的设计蓝图，结果必定是严重脱离实际，要么被束之高阁，要么因推行困难而半途而废。因此，这一误区表现的，不仅仅是思维的残缺不全，还有空想或幻想的特质。

从人和体制的关系上去看待体制

认清了"问题体制"和"最佳体制"思维的缺陷，我们就会积极地转向思考现实社会体系中的另一个重要因素：人。事实上，人类历史从来就没有忽略过人自身的特殊重要性，但随着社会的发展和技术进步，人类创造出来的制度和技术工具越发地强大，让人类在这些自己的创造物之前，产生了某种迷离和颠倒：强大的工具被提升到了管控者的位置，人则退居到次席。回归人的主位，一直就是人类需要经常自我觉悟的问题。在思考体制问题时，不论涉及问题的产生缘由，还是涉及解决问题的途径，加入"人"这一因素，不仅有完善思维方式的价值，进而形成合理的变革实践，还有复归人主体地位的至高意义。

仔细想来，"只见体制不见人"的思维方式，也不是完全没有"人"的影子。只不过，这种思维方式，突出的是"体制治人"，而不是"体制治于人"，"人"被忽略不计就是理所当然的。那种耳熟能详的"好体制出好人，坏体制出坏人"说法，在某种语境或条件下，不只是体制改革的名言，也是体制改革的正确理念，但若是极端化其中的"体制"，尤其是极端化其中的"好"和"坏"，"人"

仅仅为体制下完全被动的跟随者，毫无疑问，我们就掉进体制"万能"的陷阱了。这一点，也提醒我们，加入"人"来看待体制问题，也不应当走另外一个极端：只见人而不见体制。那是另外一个思维的陷阱。

那么，应当如何将"人"加入到体制问题中来呢？

首先，时刻不忘人和体制不可分离的关系。在现代社会里，任何人都是在一定的体制里生存和生活的，不存在"体制外"的人，也不存在"人"之外的体制。由此出发，我们便容易判断什么是好的体制——当某种体制最适合于该体制下的人充分发挥潜能，最优地解决遇到的问题时，这样的体制，就是好的。相反，就是不好或不合理的体制。由于人与人的不同，不同时期、不同地方，甚至不同性别、年龄、经历的人，具有不同的潜能，因而要求有不同的体制相契合。这就告诉我们，虽然没有一般的最佳体制，却一定有特殊的、历史的和具体的最适合某些人在某时、某地和某种环境下潜能发挥的最佳体制。推论开来，在 A 处最佳的体制，在 B 处不一定最佳；此时最佳的体制，不一定彼时最佳；甲群体下最佳的体制，不一定乙群体下最佳，等等，这取决于体制和"人"处于何种特定关系。可见，有了"人"，体制的思维就会完备起来，改革的选择也会指向明确，改革的效能便有望最大。

二是时刻注意分辨现实存在的问题，究竟是因"人"而来还是因体制而来。这一点的重要性在于，避免问题的"张冠李戴"，形成真正清晰的"问题导向"，引致问题的有效解决。例如，在现代企业治理中，我们常常过于重视治理体制的建设，"三会一层"精巧完备，各种委员会、办公室林立，却没有足够重视治理者的能力水准。实际上，治理中的许多问题，恰恰是由治理能力带来的，不是源自体制。通常情况下，治理者不会自我承认治理能力弱；片面的体制思维，又让决定"谁为治理者"的人们，更多地从体制上去寻找问题根源。这样一来，"宁得罪体制，也不得罪人"的实际运作就有了厚实的基础，许多现实问题的解决当然无从谈起。加入"人"作为问题的源头之一，实是不可或缺的。

三是时刻注意人和体制的互补性。理论和实践都表明，人和体制之间，存在优劣和强弱的巨大互补性——体制之优，大可弥补人之能力不足；而人之优，亦可弥补体制之缺陷。高度注意这种互补性，一方面，持续地维护"优体制"的运行或是持续地激励"优治理者"的能力发挥；另一方面，给予人或是体制"短板"的劣势或弱点更多的调适，通过提高人的能力，或改善体制的功能，最后实现人的潜能与体制之间特殊的、历史的和具体的最佳契合。事实上，在现实世界里，一直就存在一个如何让体制适合"强人"，或是让人跟上"先进体制"的战略到战术问题，它们在很大程度上，构造出了人和体制之间特殊关系的主核。这一点，不论如何重视，都不算过分。

当我们从仅仅思考体制问题，转向从人和体制的关系上来讨论问题时，一个重要的推论出现。这就是，基于人和体制不可分离的关系，基于人也是现实社会问题产生的一个源头，还有人和体制之间巨大的互补性，我们所注重的，就不应仅仅是体制的改革和完善，还要有人的能力提高和人的素质的完善——培养人、锻炼人和塑造人，让人获得全面发展的时空，应当享有和体制改革同样的地位。需要强调的是，在体制思维片面性相当强烈的当下，我们尤其要关注的，就是人，就是我们自己，而不只是我们发现、发明和创造出来的体制。

2015 年 10 月 6 日　星期二　修改定稿

（原载《中国发展观察》2016 年第 1 期）

关于经济战略思维

- 战略思维本质上是一种"无我"思维。因其"无我"，思考者容易突破时间、地点和位置的局限，将面对的问题放置到一个更大的时空里来整理、分析和判断，进而得出全新的解决问题的思路和模式。

- 老子说，"后其身而身先，外其身而身存"，"以其无私，故能成其私"。将自己置之于"后"，却得了"先"；置之于"外"，却反而能"存"。因此，凡是在没有"自我"战略思维下的战术选择，表面看起来，是"后"和"外"了，最终成就的，一定是最大的自我。

- 世界需要这样的经济战略思维。

"三重困惑"的问题

当下世界经济格局和人们的思维方式，让人觉得很有些困惑。从经济层面看，美国复苏缓慢，中国下行明显，欧洲受希腊债务危机影响，趋势很不明朗，那些新兴市场国家又大多被货币问题困扰，危机四伏。按照现代经济学理论，特别是凯恩斯主义经济学，解决方法大体有三：要么增加投资，要么增加消费，或是保证出口大于进口形成出口净额。现在的问题是，增加投资也好，增加消费乃至刺激消费也罢，各经济体似乎都遇到了前所未有的瓶颈。一时间，世界各国的眼光，都齐刷刷地集中到进出口领域里来了。

从人们的思维方式来看，各大经济体都秉持"出口净额"的理念，都希望其他的经济体多进口自己的商品和服务，以形成出口大于进口来拉动经济增长。在这种思维下，我们看到，各大经济体都在积极地进行海外营销，许多经济体从企业到政府高层的访问或会议、会谈，最重要的事情，莫过于推销所属经济体的产品和服务了。

我的困惑是三重的。

第一重是，各经济体都希望形成"出口净额"是不现实的，却都在做如此的努力，为什么不跳出如此的思维窠臼，寻求一种"进出口平衡"的思维，在希望其他经济体购买自己更多产品和服务时，主动地购买更多他方的产品和服务呢？第二重是，在"出口净额"的思维下，各经济体的贸易保护主义越来越强盛，通过各种制约，不买或是少买其他经济体的产品和服务成了一种常态，为什么不去想想，你不买别人的，别人又凭什么来买你的呢？贸易保护主义究竟是保护还是"损人不利己"？第三重是，那些已经有过较多年份"出口净额"的经济体，其他经济体都在希望你们多买进而不是继续地多卖出，并且，其他经济体也需要通过"多卖出"来获得收入才能够继续"多买进"，净额颇多者为什么不想想这个问题，却还是只想自己多卖，而不是自己多买呢？

如果用一句话来概括，那就是，"出口净额"的思维方式是现实世界里主流性的，却对于当下世界经济走向复苏，完全无益——人们所期望的未来和实现期望未来的理念之间，有着明显的冲突。而且，各经济体越是陷入这样的思维之中，世界经济的复苏就越是艰难曲折——它将叠加性地强化贸易保护主义，加剧国际贸易的摩擦和失衡，减少各经济体的进出口总量，至少是减缓增长的空间，导致全球范围内的投资和消费无法实现较为合理的增长。

要知道，从全球经济一体化的视角来看，现代经济学里那"三驾马车"其实只有投资和消费两者，国际贸易的减少，其结果不是减少全球消费，就是减少全球投资，这又从何而谈世界经济的较快复苏？

新的经济战略思维

我们需要一种新的经济思维，即超越"出口净额"的战略思维。

什么是战略思维？超越思考者的本能反应，超越思考者所在位置或区域、所在时间、所在高度的一种特殊思维，就是战略思维。对于思考者而言，首先必须跳出自我的利益束缚或避开人性的弱点，因此，战略思维本质上是一种无我思维。因其"无我"，思考者容易突破时间、地点和位置的局限，将面对的问题放置到一个更大的时空里来整理、分析和判断，进而得出全新的解决问题的思路和模式。可见，战略思维从形态上看，是一种全局思维、整体思维和长期思维。

通常的理解认为，战略思维就是一把手思维。这种理解是不准确的。不论何人，只要能够将自我置身于外，超越所在时空来思考问题，那就是战略思维。例如，一家企业的一般员工，如果他能够思考企业管理者面对的问题，再来看自己所处位置的作用，那就是战略思维。同样，企业的一把手如果没有这种自我超越，所思所想并非就是战略思维。当然，相比较而言，一把手的位置决定了他思考的起始高度，战略思维相对容易形成；而且，基于一把手的思维更加重要，各种内外部条件也会对其战略思维提供更多的支持。但是，一把手位置和条件的优势，并不必然地等于他思维的战略性。

战略思维显然是一种很困难的思维。关键在于，这种思维需要超越人性的弱点，具体讲，需要超越自我利益诉求，超越局部，超越时间，超越定位。恰恰是顽固的人性，加上数千年的人类文明史赋予了人类更多的"自我"社会肯定，人们大多并不将"自我"视为战略思维的弱点，结果，更多的人类思维，局限在"自我"的时空里得不到扩展和突破。看看人类社会的大历史，那种超越"自我"的战略性思维，并不是俯拾皆是的。换言之，人类的战略思维，其实是一种稀缺思维。

然而，人类的战略思维又是格外重要的。按照经济学的一般理论，稀缺便是价值或是创造价值的别名。战略思维的重要，在于它会在超越思考者"自我"的前提下，形成某种纵横捭阖的全时空、全方位和全利益均衡的发展思路，若能够具体化到实施层面，将必定带来相对整体、持久、低耗和最佳的战略回报，或者说，带来长治久安的稳定局面。在这个意义上讲，战略思维虽难却是必须追求的。

我们的祖先在战略思维方面，给我们留下了弥足珍贵的遗产。老子的《道德经》，就是一部充满了战略思维的经典。老子曰："夫唯不争，故天下莫能与之争。"这种"无我"的战略思维，是何等的高超。这里的"不争"，其实是一种智慧的"争"，超越的"争"，一种着眼于"得天下"的"争"。当面对具体的问题时，不去争那一时、一地和一方的得失，便可抛却如此"小争"纠缠的重负，赢得更大的施展时空，以充足的资源和实力，争得最大的战果。

老子不愧是一位全面的战略家，他还将其战略思想，细划到了战术的层面。他说，"后其身而身先，外其身而身存"，"以其无私，故能成其私"。在这里，将自己置之于"后"，却得了"先"；置之于"外"，却反而能"存"。因此，凡是在没有"自我"战略思维下的战术选择，表面看起来，是"后"和"外"了，最终成就却一定是最大的自我。如此智慧，让我们无法不对老祖宗肃然起敬。

回过头来看世界当下颇为普遍的"出口净额"的思维方式。显而易见，它具有"小争"的意味，局限于个别的经济体，局限于一方的利益获取，还局限于一时的狭隘意识，它绝对不是经济全球化环境下的战略思维。即使少数经济体在这一类"小争"中，在一定时间里获得一些蝇头小利，最后的结果，一定是"多输"的，那所得的小利也难保住。这不是理论的推测，现实的格局，其实天天都在上演这样的活剧。

例如，2008年世界金融危机之后，"地球村"骤然变得很小了。不同发展阶段、不同社会制度和不同意识形态的经济体，似乎一下子找到了一个共同的敌人——金融危机。一时间，各经济体的大门陡然打开，商品、服务还有人员，特别是资金的流动，迎来了一个最为自由的时段。因为"危机"这个敌人已经超越了各经济体的边界，只有所有经济体组成坚固的同盟，方有可能战胜那个共同的"轴心"对手；而各经济体的市场全面放开，进而融合起来，当然地成为"同盟"建设的第一步。那种多少具有超越"自我"经济体利益的思维，萌发了嫩芽。人类社会就是如此地奇特，这次大规模的金融危机，天然不是好事，却对于形成全球性的经济战略思维，产生了积极作用。

不无遗憾的是，战略思维的萌芽，很快就因世界经济格局的相对平稳下来而被掐灭。本来，从美国发源的这次金融危机，已经深刻地揭示了全球经济和金融严重失衡的祸根。中国拥有巨量的外汇储备，却无法购买到美国实体经济提供的商品和服务，除了几架波音飞机外，美国人以"国家安全"或某种意识形态为由，只允许中国人购买美国国债等金融产品。结果是，一方面，美国的实体经济受到很大的发展制约，中国人的外汇储备大量回往美国，进入的却是金融市场，刺激起来的，不是美国的股市和金融衍生产品市场，就是时下人们仍然还无法认知清楚的"影子金融"系统，美国实体经济的复苏，总只是看到光亮而远没有走出隧道；另一方面，中国巨量外汇储备的官方化，转化成了巨量的本国人民币投放，强烈地刺激了中国实体经济的过量发展，大量的产能过剩，已经成为当下经济发展的巨大负担。美国是失衡的，中国是失衡的。整个世界，也都是失衡的。

2008年的金融危机，论及其起源到应对建议，见仁见智者多多是也。若说到根子上，就是这等失衡造就的了。应当说，既然危机来了，问题摆到了桌面上，各经济体的市场更加开放就是不二的选择。其中，美国人让实体经济的大门对外打开些，既能促进经济的尽快复苏，又可以抑制金融市场特别是"影子金融"体系的再次泡沫；而中国人多多地使用外汇储备，购买更多的美国商品和服务，能够缩小本国货币的注入量，平抑国内的产能无度增加。这样，两个经济体都将获得某种均衡发展而受益，进而让全球经济都受益。

　　这没有成为我们看到的一幕。金融危机的痛楚稍有减缓，旧有的"自我"的思维方式便占有了统治的地位。现实的格局，给予了我们一个不太乐观的疑问：在人类社会的现阶段，是不是那种"无我"而来的战略思维，根本不具有可能性？即便是我们已经经历了非常痛苦的危机，人们还是难以超越"自我"地去思考那种"双赢"或是"多赢"的大格局？面对此态，我们又能有何作为？

我们应当做些什么？又能够做些什么？

　　我们依旧无法用全球经济一体化来描述现实的世界经济，但由于各国市场发展的深化和全球市场体系的日趋完备，加上信息科学技术的巨大进步，各个经济体的关联度已经达到了史无前例的水平。每天都在高速运转的全球市场，总是在传递并强化那种理念——同在一个体系里的各经济体，如果不关注越来越多的共同利益，不加强协调、合作，那么，任何一个经济体的问题，就会由于关联度大而演变成所有经济体的问题。它给各经济体突破"自我"的局限，萌发超越性的战略思维，创造了厚实的基础。跳出地球"自我引力"的思维很难，却不是没有可能。

　　不过，虽有基础，各经济体并不会自动生长出战略思维来。一个经济体超越"自我"的思维，既需要全球市场运转系统性风险的警示，更需要一种自我觉醒，一种"无我"的主动意识，以及在"无我"意识下对全球经济一体化本质的深刻认知。唯如此，方可主观上立意全局、把握长远，清楚权衡利益的“小争”和“大争”，以“后其身身先，外其身身存”的高超智慧，在繁荣世界经济大局中，谋得自身最高的境况。

如同一个机构的“一把手”一样，在世界格局里，大的经济体显然有产生超越性战略思维和行动计划的天然优势。在某种意义上讲，“大”就是位高、权重、影响面广的别名，其一举一动，都带有超越经济体自身的效应；而其视界里的时空，总是要大大超过其他规模的经济体。因此，大经济体的战略思维，更凸显出价值——对世界是如此，对自身也是如此。

中国和美国是当下最具有影响力的两大经济体。除了两者的经济体量带来的直接影响外，更重要的，是两者之间的任何关联举动，都将带来世界性的连锁反应，和世界性的经济交往规则再造，以及世界性的战略思维示范。在这个意义上，中美应当在世界经济交往中，特别是在两者之间的互动中遇到瓶颈和困难时，首先有超越局部的战略思维，跳出狭隘的“自我”时空，承担起领头世界经济繁荣发展的重任。实际上，当中国和美国都能够自觉地具有战略思维，并相应关联地采取战略行动时，最终得益的，绝对不只是两者之外的世界，更有自身的“盆满钵盈”。那样，中美作为世界经济领头者的地位，会更加地稳固，这便是“无私而成其私”者。

先看看我们自己。在现实格局下，以超越“出口净额"的战略思维，我们应当做些什么呢？

一是不再追求恒在的年度"出口净额"目标，逐步代之以"进出口均衡"的新目标，通过多进口其他经济体的商品和服务来实现年度均衡。鉴于我们自身实体经济发展的需要，在进口商品和服务种类方面，可选择购买其他经济体，特别是先进大经济体科学技术领先的东西，我们最需要又难以生产提供的东西，还有那些虽然能够生产提供却没有比较优势的东西，以厚实我们未来发展的物质资源和科技基础。这样的转向，一方面，将直接地拉动其他经济体的经济复苏；同时，则有"后其身而身先"的战略价值，通过获得其他经济体一流的商品和服务，集聚起我们实体经济新的发展优势，赢得后来的先机。

二是逐步减少存量上的外国金融产品和关联的服务总量，代之以进口其他经济体更多的实物商品和关联的服务。我们以往的"出口净额"形成外汇储备之后，由于各种原因，大量的外汇储备转换成了美国等经济体的国债、金融债等金融产品。这类金融产品及关联服务的过大数量，加剧了世界金融体系与实体经济的分离。这些年，全球货币供应量大增至历史高峰，利率则大降到接近零位，既没有带来实体经济的多大繁荣，又深化了世界经济的失衡，还造成了货币、金融和资本市场的超高走势和巨幅波动，这些与我们的外汇储备大量用于金融领域而非实体商品及服务，有着明显的正相关。要改善世界范围内金融与实体经济的关系，世界必须有减金融产品，加实体商品的战略安排，而中国作为全球第二大经济体的相应转向，具有强烈的示范效应。

现在的问题是，即使我们站在整个世界的角度，将中国作为全球经济战略性的一环来提出上面的行动计划，但其他经济体特别是美国为代表的大经济体以各种理由不卖给我们真正需要的商品和服务，怎么办？从历史经历来看，中国大量的外汇储备用于购买他国的金融产品而非实物商品和服务，就有美国等经济体不卖给我们需要的东西的无奈在其中，我们一厢情愿的"多买"是否有可能？

这是一个"多买"的前提问题。那么，我们是否有可能通过"游说"美国类的大经济体"多卖"给我们需要的东西？

当下的世界，仍然是民族国家或独立经济体存在的一个一个利益体。只有共同的利益诉求、共同的难题，或者说，共同的敌人，才可能将分立于下的利益体，撮合起来，携手成为同一条战壕中的战友。"如果找不到共同的敌人，彼此就是敌人"之说，已经为人类发展至今的历史所反复证实。因此，共同敌人的找到或是出现，我们才可能将战略思维落实到执行的层面。否则，战略思维就是"空想"而终将走向虚无。

所幸的是，今天的世界经济，已经将共同的敌人抛给了所有的经济体，特别是抛给了中国和美国这样巨量的经济体。这个"共同的敌人"，就是日益显形的全球性经济、金融失衡，以及由此而来可能破坏力巨大的全球经济和金融危机。在这样的时段里，有理由相信，站立于中国和美国领头未来世界经济的高处，以"后其身"和"外其身"的智慧，游说美国"多卖"给我们需要的商品和服务，实现真正"双赢"和"多赢"，是有基础的。就此，我们的另一个行动，是高举"共同敌人"的靶子，游说美国人在中美贸易中，走进"我多买，他多卖"的同一条战壕。

2015 年 9 月 7 日　星期一　完稿

（原载《财经》2015 年第 30 期）

"独木桥困境"与道德底线意识

- "独木桥困境"是社会生活中双方利益直接冲突时的局面。求解"独木桥困境"有诸多的选择，但最终都需要有道德底线意识支持，也就是对规则或制度遵守的"起码"道德认同支持。

- 市场交易是求解"独木桥困境"普遍有效的方式，它带给了我们一种相对圆满的结局。市场交易也离不开基本的道德底线意识支持，因为一个不具有遵守规则或制度道德底线的社会，任何交易都是不可能实现的，利益冲突只能导致最差的解。

- 我们还是要大力弘扬、培养和积累人类社会历史所延续下来的最为基本的道德底线意识。

这是一个颇具意味的场景——两人在独木桥的中间迎面相遇。

如果两人都极端地"自利"，均坚持自己先过，最后必然是"两败俱伤"，谁都过不去；假定两人走另外一个极端，完全彻底地"利他"，均坚持让对方先过，决不退让，结果还是谁也过不去。"独木桥困境"由此产生。

那么，如何解决这一困境呢？

聪明的人想出了一种技术解决办法。在独木桥的中间钉上一块木板来加宽桥面，让两人迎面相遇时可以错开通过。这确实是一种解决问题的办法，但这显然不是最佳的，因为没有解决根本问题。如果两人不是在桥的加宽处相遇，极端"自利"和极端"利他"下的"独木桥困境"仍然如故。诚然，你也可以将独木桥桥面从头到尾加宽，那样的话，问题是彻底解决了，但问题的性质却发生了变化，那已经不再是独木桥了。

智慧的人想出了规则或制度的解决办法。在出现"独木桥困境"时，由过桥各方达成共同规则来决定谁先过谁后过，如年长者先过，或女士优先，或先左后右，先东后西，等等。

若过桥者仍然极端"自利"或极端"利他"，不遵守规则或制度怎么办？

在这里，"独木桥困境"遭遇到了一个基本的道德底线问题。如果过桥者连共同达成的过桥规则或制度都不遵守，"独木桥困境"就无法得到解决。可能的结果，不是对抗、强制，就是暴力：一方过了桥，另一方被挤掉到水里，或是双方在对抗中都掉下了水。这与双方都要过桥的目的是不一致的。这种结果，毫无疑问是最差的"解"。

由"独木桥困境"放大开来，一个社会，不论是"自利"，还是"利他"，不能走极端，都需要有基本的公共道德意识认同，也就是对规则或制度遵守的"起码的"道德认同。反过来讲，没有这样的底线道德意识认同，大家都不遵守规则或制度，一个社会就会出现不可调和的冲突，社会就将无法运转甚至崩溃。所幸的是，从人类社会的历史长河来看，任何一个运转正常的社会，这样的基本道德底线都是存在的。

当人类社会市场交易活动出现后，人们对于"独木桥困境"找到了另外一种"解"——交易。两人在独木桥上迎面相遇时，假定双方都是"自利"的"经济人"，而且都非常地"经济理性"，不会采取"两败俱伤"的方式去寻找最差的"解"，那么，两人就可以进行交易。一方放弃先过桥的"权利"，另一方则向对方支付取得这种"权利"的经济价值，最后双方都能够过桥，皆大欢喜。这种方式显然具有交易双方都认同的公平合理性。

市场交易方式的出现，有如密云之中渗透出的一缕灿烂阳光，使我们在"独木桥困境"上看到了人类进步足够大的理性力量，它带给我们一种相对圆满的结局。由此扩展开去，所有类似于"独木桥困境"的政治、经济、社会及人们日常生活中的种种问题，只要是涉及利益的对立或冲突，交易就是最佳的解决问题的方式，它实在是值得千百倍地颂扬。

令人遗憾的是，人类理性的迷失常常产生于对此类方式的过分崇拜，最后绝对化到信仰的程度。由于交易方式对于"独木桥困境"解决的特殊作用，它容易在人们的观念中，取得至高无上的地位而被置于"神龛"之上。一旦出现利益对立问题，人们总是祭出它来，作为终极的解决问题的方式，取代一切其他的工具或模式。在这样的过程中，社会道德底线隐退了，人们的道德底线意识淡漠了，甚至遗忘了。似乎，"交易"方式不需要任何的前提，它可以独立地解决一切问题。

可以想象，只要人们绝对化"交易"的功能，道德底线就非常容易被实质性地抛弃，它又将进一步极端化人们的"自利"意识和行为。人们由此得以强化的观念是，"自利"行为不应当有什么"一般的"或"极端的"性质上的差别，不应当有什么约束或抑制；利益冲突时，只要选择"交易"的方式，将冲突双方转化为交易双方，用一种"产品"交易另外一种"产品"，如"独木桥困境"中的"过桥权利"交易"经济价值"，所有的利益问题均可以迎刃而解。在如此格局之下，"交易"作为人类社会解决"独木桥困境"一种非常理性的选择，过于迷信它而绝对化它，也就远离了理性，预埋下了失效的伏笔。这里问题的关键在于，只要极端化"自利"行为，"独木桥困境"要么无解，要么只有最差的解。

问题还远不在于产生和强化这样的观念，以及这样观念下偶尔的行为，更在于如此观念被经济学家们"理论化"之后广泛地渲染和传播，潜移默化地转变为人们日常的普遍行为，"交易"方式进入到几乎人类社会所有的领域。如此一来，世界简化了，解决问题的方式简单了，人们的行为只需要推入"交易"的轨道就万事无忧。世界一切都成了"交易"，人人也都成了极端"自利"的商人。

如此简单化社会生活和人类行为的理解，并且如此简单化地采取交易行动，无疑是不正确的，也难以实现预期目的。其实，只要是选择了交易的方式，也就意味着选择了交易中的大量规则或制度。在"独木桥困境"中，采用交易的解决问题方式，首先就是一个对相应规则或制度认同并遵守的问题，就要求交易双方必须具备遵守相应规则或制度的基本道德意识。如果双方根本不具有遵守交易规则或制度的基本意识，谁也不愿意让渡先过桥的"权利"，或是谁都在交易中弄虚作假，最后必将导致交易无法形成，"独木桥困境"还是得不到较好的解决。

可见，市场交易和由此而来的市场经济，是少不得最为基本的遵守规则或制度的公共道德意识的。在一定意义上讲，这种公共道德意识就是市场经济的前提，没有这个前提，任何市场经济都不可能运行。从历史的角度来看，交易的规则或制度（不一定是正式的）是与交易行为同时产生的；而遵守规则或制度的意识，或与交易行为同时产生，或是在交易之前的社会生活之中就已经有了初步萌芽。一部人类社会市场经济的发展史，不过就是一部交易规则或制度建立和完善的历史，不过就是一部交易规则或制度得到遵守的道德底线建立和延续的历史。人类在这样的历史过程中，深深地植入了头脑里深厚的道德底线意识，并一代又一代地传承下来。这也是人类社会迄今为止能够以"交易"解决大量问题的基石所在。

让我们看看当下的世界。以巴以冲突为核心的中东问题，从联合国到关注中东问题的各国，到冲突双方，都无一例外地抛出过诸多解决冲突的"交易"方式。不论是"以土地换和平"，还是"以和平换和平"，还是其他的"交易"选择，卷入"交易"的双方对于规则或制度遵守的认同意识并未真正形成，巴以冲突的完全解决仍然遥遥无期。应当说，在这样"交易"的历史过程中，并非没有过相对权威的规则或制度，当双方有着对于规则或制度的某种遵守共识时，中东地区曾出现过一线和平的曙光；而当双方对于规则或制度的遵守失去道德共识时，暴力冲突、相互残杀、来回报复便成了利益对立之下最差的"解"。可以肯定，如果国际社会和冲突双方不催生共同遵守规则或制度的基本道德意识，不论推出什么样的"交易"规则或制度，问题都将难以得到相对圆满的解决。

美国人长期以市场经济制度下"诚实和正直"的公司文化特色，为自己的公司群体自豪。其颇具含义的潜台词是，美国不但有着系统、完善的各种公司运行规则或制度，更有着严格遵守这些规则或制度的公司和企业家们。美国人认定，源自美国社会生活最基本的公共道德意识，即对于规则或制度遵守的基本道德意识，在美国人心目中是浓厚不化的，它支持着公司的"诚实和正直"形象。本世纪初美国安然公司的财务造假和破产，2008年美国金融危机中的那些"次贷"骗局，还有近年美国富国银行虚开数百万账户的丑闻等，无不大大地动摇了美国人对于美国公司诚信文化的信心，更加深了美国人对于公共道德意识底线能否守住的深重忧虑。当一个市场交易社会的参与者，开始怀疑和忧虑公共道德意识底线的坚固程度时，这个市场体系便时刻都处在危机的边缘。从当下的情况推演，美国人如果不重塑"诚实和正直"的公司文化，唤回人类社会早已萌发的基本道德意识，时刻处在危机边缘的美国就将滑入危机的中心。

中国的信用问题目前仍然是个大话题。仔细地分析那些"不讲信用"的案例，我们这个社会所缺乏的，也就是最为基本的公共道德意识，即遵守规则或制度的道德底线意识。以我们造假的上市公司为例，所有的造假公司都无一例外地抛弃了对于规则或制度遵守的最基本道德意识，将极端"自利"意识之下的造假行为，发挥到了极致。从早期的郑百文到猴王集团、银广夏，到后来的"创业板造假第一股"万福生科，更有近期曝光令人瞠目结舌的江苏雅百特，居然虚构海外工程项目来增加营业收入和利润，不论它们的造假在形式上多么不同，这些公司或公司的当事人均不具有任何的道德底线意识，相关的规则或制度完全形同虚设。什么叫唯利是图，什么叫利欲熏心，什么叫贪得无厌，这些上市公司的造假所为，就是现实的诠释案例。

当一个社会缺乏最基本的遵守规则或制度的道德底

线意识时，自然性的逻辑选择就是"依法"来严格监督执行规则或制度，在"独木桥困境"中加入一个行使监督的"第三方"，保证当事双方对规则或制度的遵守。这样的选择具有足够的理由，也有足够大的作用与意义。2008年美国金融危机之后，当人们回望这场经济灾难的起因时，刀剑无不指向"监督不力"或"监管虚无"的体制机制。这的确是点到了问题的痛处，随之而来的加强金融监管，成了美国乃至全球的共同行动。

然而，不要忘记的是，监管者所依的"法"，也不过是一种规则或制度，如果监管者也没有最基本的对于规则或制度遵守的道德底线意识，监督就只是一句空话，"独木桥困境"依然无解。人的自然生命存活少不得空气，由人组成的社会存活延续，就少不得最为基本的道德底线意识。或者说，道德底线意识就是人类社会存在和发展的"空气"。因此，在没有"起码的"道德环境的社会里，任何的规则或制度都不可能具有生命力，因为人们根本就不会去"依"这些"法"来行事。在这里，一个明了的推论就是，任何一个社会体系，至少处在监管位置的机构或是人，是缺不得道德底线意识的。否则，这个社会体系根本无法正常运转。

在现实生活中，"独木桥困境"通常还会出现一种"自然性"的解决方式。一方主动先退让，另一方先过，最后达到双方都能够过桥的目的。在这一过程中，如果没有强制，它尚为一种较好的、现实的"解"。显而易见，主动退让的一方，不仅具有最基本的遵守规则或制度的道德底线意识，还有着某种程度的"利他"的高尚情操，在没有得到"交易"好处的情况下，让出了先过桥的"权利"。这种"解"，在某种意义上讲，是人类社会道德力量的胜利，它不只是展示了人类社会道德的美好，更是彰显了人类社会道德的功能。

毫无疑问，我们肯定这样的解决问题的方式，也赞扬这样的方式，在一定的条件下，我们还提倡这样的解决方式。但我们不提倡和支持这种方式的普遍化，因为它毕竟造就了一种活生生的不公平。更重要的是，如果不是规则或制度要求，先退让的一方实际上纵容了先过桥一方对于规则或制度的违反，不利于全社会最基本的道德底线意识的培养。从这一点上说，某些"利他"的意识和行为，特别是走向了极端的"利他"意识和行为，也是与全社会的最基本的道德底线意识和行为相冲突的，它也不能够生成一个社会利益冲突时最佳的"解"。

推出"交易"方式来解决"独木桥困境"类的利益对立或冲突，经济学理论所起的作用是巨大的。一方面，它诉诸"经济理性"，从对立双方各自的最终利益出发（双方都要过桥），极力推崇交易的方式，以市场性的公平合理，实现利益冲突的缓和甚至消除，从而使得"交易"的作用日益深入人心；另一方面，它从"交易"效益和效率的角度，强调规则或制度对于解决利益冲突，实现最大化利益的重要意义，"游戏规则"具有了"经济合算"的功用，使得社会在重视"交易"的同时，更重视交易规则或制度的建设与完善。

但是，在经济学理论的发展过程中，我们有着过多的对于基本道德底线的遗忘，"交易"的神奇掩盖掉了几乎所有的交易得以存在的前提。经济学由此远离了经济社会现实，很多的学说自我地孤立了起来，其解释力受到了巨大的挑战，更不用讲它的"认识世界和改造世界"的功用了。

从"独木桥困境"引题到此，我们的结论是，凡是属于利益冲突问题，都可以考虑用"交易"方式来解决；凡是"交易"问题，又都必须考虑基本的道德底线，以及人们"起码的"基本道德意识。一个不具有遵守规则或制度基本道德底线的社会，任何"交易"都是不可能实现的，利益冲突问题就将导致可能最差的"解"。由此来看，我们还是要大力弘扬、培养和积累人类社会历史所延续下来的最为基本的道德意识，而不是在强调"交易"之中将它彻底忽略甚至抛弃。这是生活的真理，更应当是包括经济学在内的相关社会科学的真理。

2002 年 3 月 9 日　星期六　第一稿

2017 年 8 月 31 日　星期四　修改为第二稿

（第一稿原载《中国发展观察》2002 年第 6 期，

发表时题为《"独木桥问题"与市场道德底线》）

经济学家和普通人

- "经济学家"的身份是双重的：既是普通人，又是经济学术和思想活动的参加者。作为普通人，他们依照自己的生活习惯或传统行动，遵循一定的行为规则，秉持一定的生活信仰；作为经济学术和思想活动的参加者，他们聚集在"经济理性人"等的信仰之下，从事经济学的研究探索。
- 在现实社会中，大量对于经济学家的道德类评说，只能是评说有着"经济学家"之名的个体普通人，评说的内容也只能是有着"经济学家"之名的个体普通人的所作所为。在道德的评价里，我们应当切实分离开来"经济学家"和"普通人"的身份。

将经济学家作为一个整体来评说，可能是大有问题的。因为经济学家是以个体人的形态存在着的。而且，经济学家不仅以个体人的形态存在，他们对于同一个经济问题的看法，通常大不相同甚至大相径庭，以至于有"两个经济学家至少有三种观点"的调侃之议。正是基于经济学家研究经济问题的基本观念、分析方法及表述形式都具有更多的"个人特色"，任何对其整体性的评说，都将掉入"以偏概全"的陷阱而不可拯救。从这个角度说，除了傻瓜和疯子，敢整体地评说经济学家者，不是出于无知，就是出于狂妄，或许是两者的结合——无知的狂妄。

然而，在世人的眼里，经济学家时常就是一个整体，不少人经常地整体性评说经济学家这如何那如何。评说者既不傻，亦不疯。无知和狂妄，于他们也有较大的距离。是评说者已经明确了经济学家集合体的某种共性，从而就共性进行评说？还是他们仅仅以个别的、具体的和特殊的经济学家个体特性或事项，无边界限定地演绎成一个共性进行评说？

时而前者，时而后者，生活的经验似乎是这样告诉我们的。而从我的观察来看，后者甚于前者，也就是说，不少人对经济学家整体"以偏概全"的评说，是一种常态。

既然有整体评说经济学家的现实，整体性评说就一定有其必要，至少有增加评说种类来增加社会对经济学家整体了解的必要，尽管如此之评说，同样有掉入"以偏概全"陷阱的危险。毫无疑问，给予经济学家一个明晰的共性特征，评说起来，才有较为充分的说服力，也才能够较好地避免掉进"以偏概全"的陷阱。这就要求我们，先定义出来一个整体的经济学家群体。那么，什么是作为整体的经济学家呢？

"你怎样信仰，你就怎样生活。"克尔恺郭尔的名言，为我们寻找经济学家整体的共性提供了路标。

不论是哲学家、经济学家、社会学家，还是自然科学家，作为整体的他们在本学科知识的问题上，不可能有"整体的"一致性或共性。"两个经济学家至少有三种观点"，在其他学科的学者群体里也是存在的，只是可能没有经济学领域那么突出，或没有经济学领域那么被人注意而已。这说明，如果我们从经济学知识的角度，来寻找经济学家整体的共性，那一定是徒劳的。换言之，经济学家群体的共性特征，绝不可能从经济学知识的土壤里长出。

例如，认为"供应自动创造需求"，只是某些经济学家的看法。而且，就是同意这种看法者，也有各式各样的认定前提、条件或历史环境的差别存在。我们根本不能够列举出某种经济学家都一致肯定的经济学知识，从而由此来判断认定这样知识的人为经济学家。这一结论扩展开来就是，某种学科的学者群体特性，不可能统一到该学科某种共认知识的层面上，进而人们也就不可能由某种知识层面上的标准来标明这一学者群体的特征。

如果从信仰的角度来看呢？情况则大不一样。从经济学的开山鼻祖一直延续至今，人类社会里称之为经济学家的人，几近都相信这样的说法，人天生就长于比较和算计付出与成果，这是从经济学视角来看的人类有别于他类存在生物的最突出特征。用经济学家的话说，也就是"人都是经济理性的"。

从表面来看，这似乎是一种经济学的知识性判断，但实质上，由于这一判断具有不可证明也不可证伪性，它是经济学家几近共同的信仰。因为人类是不是"经济理性"的，归纳法无法证明，人类还处于历史的进展之中，即使过去是这样，现在是不是这样，将来是不是这样，无法归纳；而且，人类存在着自然属性和社会属性上的多样化特征，非一种属性可以概括。演绎法更无法证明，人与人之间并不存在特性的直接可传递证明性，至少，寻找一种演绎的基本结论或标本，就存在巨大的困难。证伪呢？现实中那么多的实例展示着人的"经济理性"的存在，否定如此属性的普遍存在，也没有逻辑的力量。可见，我们认定"人都是经济理性的"是一种信仰，是它离知识距离较远所致，而离知识距离较远者，不确定性就越大，信仰的成分就相应越大。

原来，经济学家就是秉持"人都是经济理性的"信仰的学术和思想群体。在如此的信仰大纛之下，经济学家这个群体展开着有别于他类学术和思想群体的知识探索、争论和开拓。自然，这个群体也与日常生活中的其他群体区别开来。模拟克尔恺郭尔的名言，我们说，"经济学家如此地信仰'经济理性人'的绝对存在，他们也就如此特性地研讨经济学"，尽管"两个经济学家至少有三种观点"——经济学知识上的分歧，但并不改变经济学家共同的信仰。

　　普通人是一个复杂和多样化的集合体，除了作为一种灵长类动物的自然属性，他们还是"社会关系的总和"（马克思语）。生活经验所展示的普通人，是按照自己的生活习惯或传统来行为的人。为什么他们会按照自己的生活习惯或传统来行为？我们又要回到克尔恺郭尔的名言上来，因为他们有自己内心默认的行为准则，这种行为准则源自于某种自认的合理规定或价值观，也就是一定的信仰。如果我们考察他们的信仰，容易看到，他们的信仰绝对地呈现出丰富多彩的结构。进而言之，普通人信仰的多样化，也就衍生出了他们生活方式的多样化。我们定义的普通人，也就是以信仰的多样化而存在于人类社会之中的绝大多数人的集合体。

　　经济学家显然也是普通的人。如果我们将日常生活和学术思想活动分别开来，那么，经济学家的身份就是双重的：既是普通人，又是经济学术和思想活动的参加者。作为普通人，他们也一定依照自己的生活习惯或传统行为，遵循一定的行为规则，秉持一定的生活信仰；作为经济学术和思想活动的参加者，他们则聚集在"经济理性人"的信仰之下，从事经济学的研究探索。经济学家作为普通人，基于在生活中信仰的多样化，他们的生活方式也是大不相同的。而一旦作为经济学术和思想活动的参加者，他们就有了这一个特殊群体的共性。显然，这种共性让我们比较容易地区别出一个经济学家的群体来，为我们整体地评说经济学家提供了基础和可能。

有了经济学家群体的共性界定，在一定程度上，也就有了整体评说经济学家范围的某种界定。具体说就是，既然经济学家是秉持"经济理性人"的信仰来从事经济学术和思想活动的群体，整体上来评说他们，也就大致限定在：他们的如此信仰是否有经济学术和思想的基石之力，是否还有另类信仰可取而代之；如果认定如此的信仰可为经济学家们的基本学术和思想信仰，那么，他们的学术作品或思想成果，是否充分地体现出了如此的信仰，是否有力地证明了如此信仰，是否全面地支持了如此的信仰，等等。由此来看，只要某种评说离开了如此的信仰关联，仅就某种经济学学术和思想成果进行评说，都将是个别的、具体的、特殊的评说，都将是知识性的评说。这就走向经济学家整体评说的对立面去了。结果，如此之评说，要么不是对经济学家整体的评说，要么就是以偏概全地对经济学家整体的评说。

一般说来，从学术和思想信仰的角度来整体评说经济学家，这是学术界和思想界的事情，这种评说，相应地会带来经济哲学或与经济学相关的边缘学科的产生。经济哲学，应当是关于经济学术和思想活动的认识论、方法论等方面的学问，当然要涉及经济学家研究经济问题的基本学术和思想信仰问题，因为信仰直接关联认识论和方法论的方方面面。如果直接从经济学的学术和思想角度来评说经济学家，这显然是经济学家群体内部的知识评说和争论了，这也就是经济学家日常最普通的学术和思想活动内容，即了解群体之内他人的观点，学习、评说和争论他人的观点，提出自己的不同见解。

不论是从信仰角度，还是从学术和思想的角度来评说经济学家，也不论是整体性的信仰评说，还是个体性的知识评说，所有评说之事，都是学术和思想范围内的事，或者说，是形而上之范围内的事。它们显然只可能在学术和思想的群体之中发生，在已经形成的特殊学术交往或思想碰撞理性和规则之下发生，而不会在一般的普通人群体之中，按照某种习惯或传统发生。这里衍生的一个结论就是，非学术和思想群体之内的成员，他们缺乏学术和思想交往的理念，也不具备这个群体之内的信仰和知识基础，他们整体上评说不了经济学家，个体上也评说不了经济学家。

问题是，在现实社会中，大量对于经济学家的评说之声，并非出自一般的学术和思想群体，甚至不是出自经济学家群体内部。那么，如此大量的评说，是在评说谁？又评说的是什么呢？按照我们上面的理解，容易判断，社会普通人群体对于经济学家所评说的，只能是有着"经济学家"之名的个体普通人，评说的也只能是有过经济学术和思想活动的"经济学家"作为普通人的行为。在这样的评说之中，作为普通人的行为被认定为了经济学家的行为，似乎一个普通人有了"经济学家"之名，他就不再可能是普通人了。这样的评说，不仅将对个体经济学家行为的简单评说，演绎成了对于经济学家整体的评说；而且，将有

"经济学家"之名却按照某种生活习惯或传统来行为的普通人，简单地等同于经济学家。

从直接的推论来看，这样的评说显然是不合理的。但是，社会普通人群体为什么会做，又为什么要做这样"不合理"的评说？由此，我们被引向了一个关于经济学家群体更为深层次的问题。

经济学家虽然只是秉持"理性经济人"信仰的经济学学术和思想活动参加者，鉴于经济学对于人类社会历史和现实的理论贡献及实际功用，从事经济学研究的经济学家们，也就被社会普通人群体赋予了某种道德价值的光环。这样的道德价值光环是一柄双刃剑。一方面，伴随着经济学成为"显学"，经济学家群体在社会生活中的地位被美誉化到相当的程度，经济学家们获得了广泛的社会认同，这种认同无疑推动了经济学的进一步发展，反过来又强化了经济学家群体道德价值的高度；另一方面，这样不断升级的道德价值光环，日益成为一种动态的衡量经济学家群体行为的标尺，只要有经济学家的言行与如此的标尺产生了距离，经济学家的道德价值光环就有暗淡光芒的危险。在这里，社会出现了关于经济学家群体的道德价值评说体系。

在社会普通人群体里，从来都有对于任何一个特殊的群体进行道德价值评估的自然系统，对于学术和思想群体而言，一门学问越是"显学化"，其道德价值的评估也就越是频繁化、具体化和高标准或高要求化。故此，经济学家受到社会普通群体较为热烈的评说，是经济学"显学"

化的一个副产品，也是经济学家被社会普通人群体推入到了道德价值评估体系里的结果。就此而言，社会普通人群体评说经济学家，仅仅是一种道德评说，而不是信仰和学术及思想的评说。如果我们认定，经济学家作为一个特殊的群体，的确有其道德价值上的统一性或共性，那么，仅仅从这个意义上看，这当然是合理的评说。

然而，经济学家并不存在整个群体道德价值上的统一性或共性，因为经济学家群体的共同信仰，与社会的道德价值要求或评说，没有直接关系，人们没有理由对于"理性经济人"的信仰，追加上是否符合道德标准的判断，因而也就不存在可以从整体上来评说经济学家道德价值的基础。实际上，社会关于经济学家道德价值的评说，是完全针对具体的个人而非一个群体的；加之，这种道德价值评说，涉及的根本不是，也不可能是经济学家的共同信仰或知识层面的学术及思想成果，它们针对的是有着"经济学家"之名，而实为普通人之行为的。换言之，道德价值评说涉及的，根本不是经济学家了——不是经济学家整体，也不是经济学家个体，而是有着自我行为特定价值观的普通人。

我们将经济学家和普通人分别开来，将社会对于经济学家的一般道德价值评说清晰界定为实质是对普通人的道德价值评说，显然是为了还"经济学家"这个群体一个清白的学术和思想群体之名，也还"经济学家"个体一个学术和思想活动参加者的清白之名。不无遗憾的是，少数有着"经济学家"之名的人，并非在经济学的共同信仰之下，在学术和思想领域里从事经济问题的研究和探索，而是借用其名，从事普通人的日常活动，甚至有的盗用其名，利用社会对于"经济学家"之名的尊重和拥戴，从事超越一般社会道德价值标准认同的日常活动。小则鸡鸣狗盗，雕虫小技，唯利是图；大则欺骗社会，愚弄民众，谋取巨财。社会对于这样的"经济学家"的强烈不满或是应有的道德指责，岂不是情理俱备吗？我们又有什么理由去责怪这样的社会道德评说呢？

在如此的社会道德价值评说面前，经济学家作为秉持有自己特殊信仰的学术和思想群体，不能生生地看到这个群体的名声受到玷污而不引起高度的关注和重视。如果说，经济学家群体有某种统一的道德要求的话，那就是对经济学家个体以"经济学家"之名而欺世谋财之行为的不耻和拒绝。如果你已经有了"经济学家"之名，当你行普通人之行为时，特别是行普通人的道德价值不大可能认同的行为之时，最好是不要挂上"经济学家"之名。

2006 年 9 月 26 日　星期一　完稿

（原载《经济学家茶座》2006 年第 6 期）

"以人为本"的管理悖论

- "以人为本"的原义是，发现人，发展人，发达人，实现人的价值。人既为"本"，人就不是工具，人是目的本身。
- 企业的目的，绝对不是人的价值实现，而是企业的生存和发展。
- 企业里的"以人为本"，实质是管理者对被管理者的一种管理理念和管理原则。在这种理念和原则下，管理者不是简单地将被管理者等同于物质资料和技术工具，而是从"人"的角度出发，将其看成主观能动的生产要素，从而给予被管理者主观能动性的激励。

"以人为本"是一条治国宗旨，也是治理企业的宗旨。其核心之处，在于强调人的价值高于一切，不为企业一时的得失计较，不为企业一事的荣辱考量，发现人，发展人，发达人，实现人的价值，是基本的目标，也是终极的目标。在如此的理解中，人不是工具，而是目的本身。所谓"本"，当在目的层面之上是也。

不过，就可观察到的事实来看，一个企业的目的，绝对不是人的价值实现，至少不仅仅是人的价值实现，而是企业的生存和发展。在任何一个企业中，人总是处于工具的地位，服从于人之外的其他目的。人的言行相当程度被限制，人的尊严相当部分被削减，人的需要相当大量被忽视。不论企业是强调增加收益，还是控制成本，还有扩张规模，等等，都将人作为服务于企业生存和发展的工具来看待。不同的企业表现出来的，只是企业生存和发展目的的强烈程度不同，只是人作为工具被表现出来的形式和程度有差别。我们可以肯定地说，从经验角度来看的企业，并不存在"以人为本"的本质规定。

从企业管理层张扬"以人为本"的意图来看，人也只是被放置在工具的位置上。为什么要"以人为本"？是企业管理层认定，企业就是要发现人，发展人，发达人，实现人的价值？还是企业管理层认定，如此对待人的理念和某些关联事项的操作，将有利于企业的生存和发展？答案毫无疑问是后者——以"以人为本"的理念和一些相关事项操作，必将激励起人的积极性和潜在能量，这些将会转变为企业的现实生产力，实现企业更好的生存和更快的发展。现代许多企业就明确提出口号，企业的目的是价值的最大化，是股东价值的最大化（在这里，股东虽然可能是个体的人，但不过是人格化了的资本，不能成为我们讨论意义上的"人"）。可见，在企业高层管理者的深层意识和管理理念里，人，还是工具无疑。这有力地支持了经验表明的"企业不存在以人为本规定"的结论。

其实，就是从理论家们讨论问题的学术层面上看，也没有学者将人作为企业发展目的来看待的。看看企业理论特别是企业管理理论发展取得丰富成果的 20 世纪，从泰勒和法约尔的"科学管理"理论，到韦伯的"组织机构"理论，到马斯洛的"管理心理学"，再到 X、Y、Z 理论，还有许多理论的混合产物，都无一例外地将企业生存和发展目的放在首位，或置于不用言及的前提之中。其中不少理论涉及了人，如 Z 理论，就强调人与人之间的信任和沟通等内容，强调某种程度的"民主管理"。然而，这时的人，还是一种服从于企业生存和发展的工具。

有意思的是，一些理论家也使用"以人为本"来讲述某种管理理论或理念，却还是将人放置于工具的位置上，他们并没有表现出与"人本"企业管理者有什么特别的不同。当然，强调"以人为本"者，不论是企业家还是理论家，他们注意到了人，注意到了企业生存和发展不能离开人的因素来实现。在这样的格局下，人是受到重视的工具，而不仅仅是被使用的工具。

从根本上讲，谈及企业和企业管理，人们所看到和需要讨论的，始终只可能是企业整体运作，企业的组织结构，企业的投入产出等，不可能直接关注到人的价值目的。这是一种客观存在。因为不论如何定义企业，它的存在就一定有它自身的目的，这些目的绝对与在企业中的每个人的价值目的是不同或至少是不完全相同的。企业的生存和发展与人的生存和发展相关，企业的价值实现与企业中人的价值的实现相关，但两者根本不能相提并论。

例如，狭义地讲，企业的目的在于它的货币经济价值的增加。而在企业中的人呢？得到货币经济价值，肯定只是他个人价值体系中的一个方面，他一定还有别的自我发展的目的。虽然说，他获得经济价值，能够帮助他实现某种目的，这在某个方面看，个人目的与企业目的有一致性；同时，企业在价值的实现中，却在某种程度上也剥夺了他实现另外一些价值的时间或空间（在企业赚钱的时候，肯定不能够去做别的想做的事情）。因此，企业的存在本身，就决定了企业目的一定是第一位的，神圣不可让出。

企业中"以人为本"管理的悖论就这样出现了。不论一家企业如何强调"以人为本"，并按照"以人为本"的理念实施管理，实际的操作根本不可能做到人为中心的那种"以人为本"，而只能是服从企业生存和发展目的的"以企业为本"。试图在企业中，去发现人，去发展人，发达人和实现人的自我价值的想法，是与企业生存和发展价值观相冲突的。也就是说，人在企业中永远只是一种工具，不是目的。简言之，在企业中，"以人为本"管理理念之下的"以人为本"的管理实践，其本质必定是，也只能是非"以人为本"的。

那么，如何理解现实企业中的"以人为本"的管理理念，以及在其理念之下的管理实践呢？

从可以观察到的事实和理论分析来看，一个企业组织里会自然地分裂出管理者与被管理者。虽然他们都是"人"，但在"以人为本"的管理理念和实践中，他们是不同的"人"。通常情况下，"以人为本"的管理，首先表现为管理者对被管理者而言的一种管理理念和管理原则。它仅仅涉及的是管理者的理念和行为，而不是企业里所有的"人"，更不是处于被管理者地位上的"人"。

在这种理念和原则下，管理者将对被管理者实施所谓的"人性化"管理，即管理者不是简单地将被管理者等同于生产过程中的物质资料和技术工具，只用给予分配、组合、调试和检验过程安排即可，而是从"人"这一复杂主体的角度出发，将其看成主观能动的生产要素或工具，从而给予被管理者"人"主观能动性的激励，让其根据生产过程的原则，主动自觉地寻找到最佳的物质资料和技术工具的组合，将单个或少数管理者的管理过程，分解为大量被管理者积极参与的过程，从而实现最低成本下的最高效益。

从被管理者的角度看，这种"以人为本"的管理理念及实践理解，也是具有同样规定的。笃信"以人为本"理念的被管理者，也只是要求管理者以对待"人"的方式来对待他们，而不是将"人"等同于物质资料和技术工具来进行管理。在这样的管理模式之中，被管理者是被激励者，是主动的生产者，是生产过程中的主人，而不是单纯的被管理者或被动的生产者，更不是生产过程中的仆人。因此，"以人为本"的管理，不过是管理者将被管理者从物质生产要素里分解出来，以对"人"的激励的方式代替直接的生产要素管理的方式而已。

但是，尽管被管理者从管理者那里获得了"人"的地位，获得了"人"的激励，被管理者并不因此而达到了"人"的目的的高度，发现人，发展人，发达人，实现人的价值，绝对不是企业管理的目的。

在这样的"以人为本"管理理念和实践的理解中，作为管理者，应当看到"以人为本"管理的内在规定是"激励"，从而在管理中对人的"激励"方面多加考虑。实际上，在企业管理中，"激励"是管理的第一要务。与此同时，对人的"激励"是必须有边界的，有限制的。毕竟，在一家企业经营管理中，"人"只是工具，企业的生存和发展才是目的。管理者之所以要激励作为被管理者的"人"，在于通过"人"的主观能动性，实现企业更好的生存和发展目的。如果这种激励，并不与企业的生存和发展目的相关，哪怕它对于被管理者的"人"有着绝对的价值和意义，那也是管理者的败着，必须摒弃或至少限制。要清楚，在企业组织里，本来就是不存在"以人为本"的价值规定的。

2014 年 10 月 13 日　星期一　修改定稿

在高山和天空之间：关于生命有限和无限的追逐

- 所有的生命个体，都脱离不开"放羊娃"模式——在有限生命里追求无限的价值，不论是普通的人，还是特殊的人。

- 颇具意味的是，人类不只是追求无限的价值，还会自我创设出那个无限的价值目标来。这印证了毛泽东的一句名言："自己立个菩萨，自己拜。"拜菩萨的，是我们自己；立菩萨的，还是我们自己。

- 对于具体的生命个体而言，我们只能生活在既定的社会历史环境里，但我们又总是希望能够超越既定的社会历史环境，因此，我们需要"乌托邦"。显而易见，"乌托邦"是用来向往的，不是用来实现的。

生命由有限向无限的延伸

1999年6月23日，中国登山运动员王勇峰登上了大洋洲最高峰查亚峰的峰顶。至此，这位登山英雄十一年前立下的登顶世界七大洲最高峰的目标，全部实现。

当每次登顶过程中经受的生命极限考验，甚至某次险些失去生命的危险经历，最终成就了如此辉煌的结局，激动、庆幸和享受成功后的祝贺、鲜花与掌声，当是英雄随之而来的丰富生活。令人悲情的是，七大洲最高峰都留下了英雄的足迹后，王勇峰迷茫了。他感觉"心中空落落的"，生活陡然失去了方向和动力。一段时间里，他每天不知道该做什么，身体也出现了种种不适。

在常人眼里，登顶七大洲最高峰，是一个遥不可及的目标，即便是王勇峰本人，在立志完成如此壮举之初，内心也是充满了不确定的。仰望那离天空最近的七座巅峰，英雄在有限的十一年内，就达至了那些高度。这对于一个以登山为生命价值的人，最高目标的终结与生命价值追求的终结，一起到来了。世界对于他而言，已经没有了吸引力。这时，生活的不知所措，内心无寄托而空荡，既是逻辑的必然，更是情感的必然。无疑，这是生命的迷茫。

王勇峰这种"心中空落落的"感觉，对于生命的存在，潜藏了巨大的威胁。在很大程度上讲，生命的存续、活力和创造力，是由未来某种不可终结的无限目标导引的。如果某个生命只是设置了可及的有限目标，这种目标的实现，就是生命的"末日"，或是生命追求的终结——人不是走向自然生命的病痛甚至死亡，就是走向精神生命的颓废。

好在英雄陡然在登山培训的领域里，找到了新的追求目标：培养一个又一个、一批又一批的继任者。要知道，王勇峰个人登顶，那只是有限的目标实现；而无以计数的继任者向着那些巅峰行进，已经创造并将继续创造登山培训的无限需求，王勇峰由此开始了新的"没完没了"的生活，实现了从有限生命价值追求到无限生命创造的人生重大转折。

1918年8月19日，李叔同毅然决然地舍弃了俗世的荣耀、名声、财物及情感纠结，在杭州虎跑定慧寺正式出家，佛名演音，号弘一。从此，人世间少了一位才华显赫、著述华美、经历奇异，却是内心悬疑、精神痛楚还左右不知其人生去向的大师，多了一位心绪安宁、神情专一且目的明晰的佛界高僧。这是一次惊世骇俗的生命选择。仅仅是如此选择本身，就留予了后世一笔永恒不朽的精神财富。

关于李叔同出家的缘由，外人多有论道和揣测。从其入得佛门后的经历，尤其是或多或少涉及自我的文字来看，那种对于俗世生命有限度追求的焦虑和无奈，不能不说是一种基本动因。荣耀、名声也好，财物、情感也罢，俗世里的这些价值要件，于这位才情过人的高者，不过是有限高度的山峦，生命的能量并不难企及。难道生命都要耗费于如此有限的去处？哪里又是无限价值的追求空间？

正好，佛门开启了生命价值认知和实践的一条大道——它由俗世走出，进而通向精神层面，再而走向灵魂境界：俗世的可触摸，精神层面的不可视却可某种程度地外化，灵魂境界对于"五蕴"（佛界所称的"色、受、想、行、识"）的完全超越，导引出了一个无限的价值追求去向。李叔同断然转身为弘一，便有俗世有限价值追求而升腾至生命无限价值探索的嬗变之意。即便弘一在这道路上，并无里程碑式的记痕，至少于他个人，也是生命向无限价值行进的新选择，俗世生活里的焦虑和无奈将消弭殆尽。何况，弘一从俗世生活的"烦恼"到佛界生命智慧的领悟，鲜明的比照让他创造性地弘扬了佛法，传递给了世间众生生命无限价值的启迪。

1942 年 10 月 10 日，弘一法师写下了"悲欣交集"四个大字后，于 10 月 13 日圆寂。一个有限的生命结束，而一种无限的生命价值，包括弘一法师探索生命价值的实践，却留存了下来。

1963 年 3 月 5 日，毛泽东主席亲笔题词"向雷锋同志学习"，将一位年仅 22 周岁因公牺牲，并无显赫功绩的解放军普通战士，树立为了全国人民的榜样。从那一年开始，每年的 3 月 5 日就成为中国人的"雷锋纪念日"。"雷锋精神"一时间家喻户晓。

五十多年过去了，"雷锋精神"一直在深刻地影响我们的社会生活，可以肯定还将继续影响下去，百年、千年，甚至万年，范围则将广播至世界有人类存在的各个角落。这种精神的核心，就是"将有限的生命，投入到无限的为人民服务之中去"的崇高境界。22岁的生命是如此地短暂，雷锋却在日复一日无私地为人民做好事之中，找到了一种无限的价值，进而获得了一种长存的精神。有足够理由相信，毛泽东正是从这样的视角，发现了雷锋有限生命里那种无限价值取向的社会意义，大力张扬和推崇这种价值，整个社会就有和谐和高尚最厚实的个人基础。

一个个体生命的特殊生活历程，不仅让个人有限的生命，连通到了一个崇高无限的目标，个人不会再有彷徨、犹豫、惆怅和迷茫，而且在人的社会生活的体系里，产生了广泛的生命价值样本意义，"有限生命与无限价值"的关联，就提升到人类社会整体进步的范围了。这是个体生命的骄傲，也是整体人类生命的骄傲。个体生命的有限在走向无限之中，提示出了整体人类生命走向无限的尝试。"雷锋精神"之所以是不朽的，在于它内在的价值是无限的。

不同的时间背景，不同的生命经历和追求，不同的历史和社会影响力，三个个体人的特殊故事，表达了一个共同的主题：生命由有限向无限的延伸。

然而，王勇峰也好，李叔同也罢，还有雷锋，毕竟都带有鲜明的不同于普通人的表征。一个是世界范围内凤毛麟角的登山英雄，一个是僧俗两界举世绝伦的奇人，再一个就是那太普通，普通到一般普通人其实难以达至的"特殊战士"。对于千百万的普通民众而言，他们是否也有这些特殊个体一样的生命轨迹？如果有，这种生命由有限向无限延伸的轨迹，便是人类共有的一种属性，而不只是个别人的偶然存在。如果人类共有如此的属性，它又是从何处而来？它又将导引人的生命向何处而行？我们又当如何去认知？

人的生命内含有无限价值追求的本因

这是一个曾经流传很广的"放羊娃"的故事。

有人问：你为什么放羊？放羊娃：赚钱。又问：赚钱干什么？答：娶媳妇、生儿子。再问：娶媳妇、生儿子干什么？答：养大儿子，放羊。

看看"放羊娃"的现代版本。问：你为什么要考大学？答：为将来找个好工作，赚钱。又问：然后呢？答：成家立业，娶妻生子。再问：然后呢？答：培养孩子，上大学，找个好工作。至此，没有必要再问下去了。

如果舍弃历史背景和特殊角色，如此的"放羊娃"故事，毫无疑问，是一种永恒的存在。细想一下我们自己，就不过是生活在当下城市里，最为普通的"放羊娃"而已。它表明，个人生命的有限性，却在一个相对固定、循环延绵的形式里，得到了一种无限性的扩展，古今中外，概莫能外。

这是生命本身或本能或本性所内含的、内在的要求，或者说是生命存在的自然性要求。否则,一个生命的终结,就是一个家庭或社会单位的终结。广而论之,一个个家庭或社会单位的终结,最后就将是人类社会的终结。在这个意义上,所有的生命个体,都脱离不开如此的"放羊娃"模式——有限生命里追求无限的价值,不论是普通的人,还是特殊的人。当然,王勇峰、李叔同和雷锋,也都是"放羊娃"模式下的生命个体,特殊的,只是他们所追求的无限价值的具体目标不同。

在西太平洋加罗林群岛中,有一个雅普岛。"二战"之前,那里的原住民世世代代使用石头作为货币,取名为"斐"。"斐"大多修整成轮子状态,中间有一圆孔,便于人们交易时,用木棍插入其中,抬来抬去。由于石头的同质性,其价值的大小,也就取决于石头的大小。显然,大石头用来交易时,移动是困难的。居民们便只是心里记住它的所有者变化,并不实际移动石头,就可以完成交易。有趣的是,一户富裕人家,说是自己在本岛之外较远的他岛上,有巨大的"斐",尽管绝大多数人从来没有见过,因有人证实,也被承认其价值的真实存在。

可以想象,那里的生活,应当就是"世外桃源"的那种。居民们认石头为货币,肯定它的价值,是看到了石头的耐久性,寄托了人们对价值追求的恒久要求。一种价值能够恒久在时间上延续下去,那就是价值无限的别名。而那位富人巨石"斐"仅仅的观念存在,更是开拓了岛上货币价值的无限性，因为可以超过本岛能够见到的石头量来计算"斐"。这就有了一种更加无边的空间，人们大可以开启想象的机能，将外岛的"斐"认定得更多。那些生生不息的雅普人，就在这样价值的无限追求中，一代又一代地继续着生命的轨迹，书写了岛民类"放羊娃"真实又惬意的生活史。

雅普人的"斐"，其实就是现代货币的原始形态。在眼前的世界里，取代石头作为货币的，不过就是黄金（各国仍然将黄金作为货币储备）；而那位大户人家在外岛的观念上的"斐"，也不过就是我们时下熟悉得不能再熟悉的纸币、银行存款或电子货币数字——纯粹的观念上的价值代表形式，而不是实物商品、服务等真实价值物本身。掀去披在我们身上的现代服饰，将五颜六色、眼花缭乱甚至光怪陆离的现代人类生活方式简化，我们也不过就是那雅普岛上的居民。

可以看出，人类社会几千年文明史，变换的，一直就是躯壳、形式，生活方式的内在核心，还是如雅普岛上的"斐"石一般，根性仍然。现代人，个人或是家庭，抑或是由个体人或家庭单位组织而成的更大社会组织，如国家等，仅从经济角度看，哪个存在体又不在追求更多的价值呢？如果没有天然或历史条件的限制，哪个又会自动地在经济价值的有限处停步呢？

在这里，有一个问题是非常要紧的。不论是土著的雅普人，还是现代的"雅普人"，当价值追求已经显现出某种边界，从而可能出现追求目标的有限时，所有的雅普人就要自我地创造出某种无限的价值来了。雅普岛上的"斐"究竟有限，岛民自然要到岛外寻找新的石头。然而，雅普岛之外巨石"斐"的存在有多少，甚至存在与不存在，也并不重要；重要的是，那里有了岛民无限的价值观念扩展空间。设想某一天，就是岛外的"斐"也都找光了，雅普人还会由陆地扩展到海洋，由海洋扩展到天空，由实物延伸到想象，去创造无限价值目标来追逐。

这也就是当今的现实。现代的"雅普人"，已经将地球上的黄金储量探明清楚了，哪天也可能将其全部开采出来，那个有限的黄金追求目标，便终结了。但是，关于经济价值的追求，并不会因为黄金的全部面世而终结。现代纸币、存款货币和电子数据货币的创造，已经大大地超越了黄金的自然数量边界，开启了一个无限的经济价值的空间。相应地，现代社会创设了所谓金融市场类追求平台，货币市场、资本市场、期货市场，以及如今说不清、道不明多大规模的金融衍生产品市场，让个人、家庭、社会组织，都可以通过如此的市场设置，追逐无以终结的经济价值数量。

一个颇具意味的结论由此生成，人类不只是要追求无限的价值，还会自我创设出那个无限的价值目标来，并同时创设出追求无限价值的行进路径。这显然是人对无限价值追求逻辑的一部分——当某个追求的目标显现出有限边界时，人的生命必定会展开另一种机能，突破边界，去开启新的无限空间，创造新的无限目标。看看王勇峰、李叔同和雷锋这些"特殊人"，再看看古今中外的"放羊娃"和"雅普人"，人的生命离不开无限目标的追求，也离不开无限目标的创设。可以说，生命无限价值追求的本原就在生命里，人类自我创造无限价值目标的动力和能力也在生命里。

这不由得让我想起了毛泽东的一句名言："自己立个菩萨，自己拜。"拜菩萨的，是我们自己；立菩萨的，还是我们自己。

立个怎样的"菩萨"：无限价值目标的择定

说到立个"菩萨"，我们的思维就会自然而然地掠过三个板块：物质的可触摸世界、人的精神世界和人的灵魂天空。这个"菩萨"所立在的板块不同，显示出不同的无限价值追求的层级或等次。或者说，不同板块里的"菩萨"，具有依次升腾的"无限性"：可触摸世界里的目标，只是"有限的无限性"；人的精神世界里的追求，才是真正的"无限性"；而灵魂天空里的向往，则是"无限的无限性"或说"绝对的无限性"。

王勇峰立的"菩萨"，因其实在的可触摸感，当然地属于"有限的无限性"。不论是他登顶七大洲最高峰的早期志向，还是后来从事登山培训的重新定位，其追求的

"无限性"，是相对于他个人生命的自然长度而言的。王勇峰完成了七大峰的登顶，一个似乎"无限的"目标被终结，显现出了如此无限追求的"有限性"；作为登山培训者，他很可能培养出相当多的优秀登山者，甚至可能培训出登顶七大峰的佼佼者，由此产生的"无限性"，引导了他"生命不止、培训不休"的存在动力。但这里的"无限性"，因其真实存在性，又完全可计量，也是有限的。在现实生活里，只要是那种可能超越个人生命长度的可实感价值追求，都具有"有限的无限性"。

"雷锋精神"则是完全不同的"菩萨"。从形式上看，和王勇峰相同，雷锋也是在现实生活里，设立了相对于生命长度而言"无限的"助人为乐的目标，每天都做着平平常常的好事；从逻辑上看，和王勇峰不同的，是雷锋首先在自己的精神世界里，将"为人民服务"，设立为一个顶礼膜拜的"菩萨"，即一种精神的向往，一种生命的信仰，进而演化成为一种行动的内在驱动，再外化为可见的一件件普通而又不普通的事例。

雷锋的这种"菩萨"，因其在精神世界里的独立性、先导性和主宰性，不仅是生命存在和鲜活的前提，更是生命存在和鲜活的持续不绝引力，它具有不可限定的边界，成为真正的无限性。诚然，雷锋在他22年的生命经历里，做过的好事，可以一一罗列，终止于事例的有限数量；而"雷锋精神"虽然源自雷锋个人有限生命的精神世界，却可以超越他的有限生命，成为一种人的精神世界里的独立存在和特殊存在，以一种"意识的形态"，长久地留存下来。

回过头再来看王勇峰的"菩萨"，那是从自己登山到培训他人登山的角色转换里，寻找到了个体生命新的向往和路径。在他的精神世界里，那种类似于"雷锋精神"的生命信仰，至少没有自我意识地、清晰地建立起来——他的"菩萨"，没有精神化，更没有意识形态化，应当说，还只是属于可触摸的世界。这种"菩萨"，因为没有在人的精神世界里形成独立形态，也就难有所谓无限性的超越价值了。

由"雷锋精神"引领，不难认知，精神世界里的无限价值向往，天然地具有和现实可触摸世界的关联。通常而言，这等无限的精神世界里的价值追求，是可以外化为可见的现实的，人类社会的历史也充分地演示过如此的外化，它被哲学家们界定为"精神变物质"的过程。雷锋作为个体生命的无限价值追求实践者，外化出了那么多耳熟能详的动人故事；毛泽东作为一位重视精神世界和现实世界关系的哲学家类领袖，他推崇"雷锋精神"，因其传递了一种人类高尚的意识形态，深得人心，让我们社会涌现出了千千万万个具有"雷锋精神"的"类雷锋"，进而能够外化成和谐美好的社会现实。

从这个视角来看，那种精神世界里的"菩萨"，对于个体的生命是重要的；对于整体生命，或者说，对于一个社团、一个民族、一个国家，甚至整个人类社会，也是重要的。人类社会整体，如果具有某种共同的精神世界里的美好向往和信仰，外化出来的，就将不是对立、冲突和战争，只会是安宁、互助与和谐。

那么，李叔同所向往的"菩萨"呢？那可是灵魂天空里的追逐。

灵魂天空，在某种意义上讲，是精神世界走向绝对完美的终局描绘。那个天空里的无限价值目标向往，起步之处，仍然是人的精神世界，却在逐渐淡漠精神世界和现实世界的联系之中，慢慢地割裂了两者的关联，独立地让精神世界里的这种无限价值描绘，不再牵系现实世界，不再理会是否能够外化成可触摸的存在。

我们知道，前面谈到的精神世界里的那种"菩萨"，如"雷锋精神"，是紧密关联现实世界的，其无限性是相对于现实世界有限存在而来的无限性。"雷锋精神"的无限光芒，在于它折射出了现实世界人们难以时时"助人为乐"的不足；而当我们独立地谈论"雷锋精神"时，它自然而然地展示出自身的边界性和有限性——它只是人类社会精神美好的一个方面，或许还只会是一个时代的存在。灵魂天空里的"菩萨"，却没有那种相对于现实世界缺陷而来的无限完善性或是完美性，而只有精神世界里自身的一种绝对完善和纯粹完美。

正因为此，这种"菩萨"在精神的世界里，也无法形成相对清晰并可固化的精神凝聚或说"意识形态"。它可以在某种程度上，用来对照现实，却无法通过调整现实和改造现实，达到如此的精神转化成现实的构建。换言之，那只是一种纯粹的、无限的精神价值目标设计，或许可以简单地认定，那只是精神世界里极致的幻觉式、想象式描绘。在我们读过的文字和听过的声音里，关于"彼岸"的说法，关于神灵领地的叙述，关于极乐世界的张扬，一言以蔽之，那些关于宗教的信仰，由于绝对地完整、完善和完美，就是如此类的"菩萨"和设定它们的灵魂天空。

例如，西方人的"理想国"或是"乌托邦"，东方人的"桃花源"，甚至有西方人声称在东方世界里找到了的"香格里拉"，都是灵魂天空里设置的"菩萨"，此岸并不存在，也构造不出来。它们仅仅属于精神世界里，走向极端的幻想式建设。

既然绝对到了这样的程度，那就是一种终结。如果说，灵魂的天空里，也有山、有水、有人，那么，一切都尽善尽美了。山，伟岸及顶不变；水，净美到底止流；人，完善至极永恒。再也没有什么可以超越的。无疑，绝对了，自然就是结束了。这也就是中国人从古到今都明白的道理，止于至善，终在完美。而很多西方人直接以"末世论"来谈论如此的绝对性、无限性价值追求。在这等视角上，这种"菩萨"，与其说是人们将其立了起来，不如说是立起的同时，就有人终结了它。当毛泽东以诗人的浪漫，向古人发问"桃花源里可耕田"时，他知道，这是不能回答的。那个灵魂的天空里，一切都美好得静止了。耕田？搅动极美世界的劳作还有必要？！

灵魂的天空，清晰地模糊着，又模糊地清晰着。人类社会一直将这里的"菩萨",界定为宗教信仰的东西,界定为彼岸的存在。你可以无限度地想象,却没有办法走近,更没有可能外化。应当说,这个灵魂的天空和天空中的无限价值追求,至今仍然是人类认知的特殊领域,一些人想象着和思考着,一些人批判着和回避着。但无论如何看待这个领域,人类从来就没有离开过对这个领域的关注。实际上,在人类生命由有限到无限的扩展关联中,这个领域是根本不可缺少的。

现在的问题是,对于鲜活的生命而言,灵魂天空里的无限价值追逐又有何意义呢?李叔同的个体人生经历,究竟给予了我们什么样的开示?

从东方到西方,从古代到今天,总是有个体的生命行进在这样的灵魂追逐里。他们属于现实生活,又鲜明地异于现实生活;他们活在当下,又极度地让自己远离当下,在向往某种精神至极的自由里,构建那种终极的绝对完善。在如此的追逐中,现实生活中的物质享受、社会地位、精神愉悦,都不再可能在他们的价值追求序列之中。他们深知,这些"俗世"中的一切价值,不论从生理上还是心理上,都会对自我的精神自由形成制约,妨碍甚至阻止个人对于灵魂天空里终极目标的构想。

例如,如果你还有贪图钱财的念头,你的精神深处就会时常为钱财所吸引和掌控,无法自由地去思考。因此,只要是走上了如此灵魂天空价值追逐的个体生命,特别是那些坚定不移者,必定会对于现实中的"俗世价值"予以彻底的批判和丢弃，以免被"俗物"困住，不得精神自我、自在和自如，也就根本树立不出灵魂天空里的"菩萨"来。这也就导致出如此的事实：这些个体生命的"现实生活"，的的确确是简单到不能再简单的"苦行僧"式的。

李叔同向弘一毅然决然的转身，首先开示我们的，就是对于现实生活中有限价值目标的无情抛弃。因为那些价值目标，都会深度地限制人的精神自由。他以一种突变的人生经历，从现实世界游走进了精神世界，又移向了灵魂天空。如此过程，让他从物质世界的声色犬马完全约束，到精神世界的相对自由，再到灵魂天空的绝对完善追逐，具有了现实批判性和超现实的建设性结合的两重意义。

对于鲜活的生命而言，李叔同是一个现实价值的个体，而弘一则成了精神和灵魂追逐的样本。仅从后者的批判性而言，就启迪了现实生活的人们，物质世界和与物质世界关联紧密的精神世界，人的精神是不自由的，也是不可能自由的。李叔同就是铁证。虽然说，不是人人都可以或是有必要成为弘一，却是人人都可以或是有必要具有弘一对于现实价值批判的理念。至少，不沉溺于其中，不执着于其中，让个体鲜活的生命，不完全地受制于这些目标物而难以真正地鲜活。

在我们看来，出了家的弘一仍然是生活在这个现实世界里的。佛寺是有形地存在于地球之上，和尚也是活生生地在那里打坐思索、合十礼佛。和我们"俗世"不同的，是和尚们有一种特殊的精神生活。那就是在精神的世界里，探求人的生命价值，并不以人的生死为界，恰恰消融生与死的隔断，去追逐那遥不可及的终结式价值目标。佛教的教义里，"前世、今生、来世"的灵魂关联，创设了一种生命对于"今生"的超越——曾经过往存在，还会迎来再生。故让那种无限的价值追求，不只是限定在"俗人"当下可触摸的世界里。加上"色即是空，空即是色；色不异空，空不异色"，又将无限的生命价值追逐，抛放到了一条永无尽头的通道上。"色"自有限，而"空"却无限，当有限就是无限之时，那只可能是"绝对的无限"了。生命由此导引出一种永恒，即精神世界里的永恒或是灵魂里的终极。

弘一在此的又一开示是，人的生命不只具有吃喝拉撒睡的动物属性，也不只具有追逐群体认同、尊重和拥戴的社会属性。它还具有超越自然和社会的另外一种规定，一种独特的精神生活方式，一种人的生命关于自身绝对的无限价值的追逐本能。当人类的"俗世"将此种规定与"自然科学"和"社会科学"并列为"宗教"或"神学"的探求时，每个人都清楚，在这种生活方式里的个体生命，有平庸的，有优秀的，也有杰出的。弘一无疑是杰出的，大有这个板块里一座高峰的意味。他有过光怪陆离的俗世丰裕生活，又有过地位、名望、情感上的社会多元肯定，却在精神上痛楚至极，行尸走肉，如同一副外表华丽却沉重的皮囊，内部空空洞洞的；"出家"对于他，如同一个新生命的再造。在强烈的人生经历反差中，他的感悟，自然是来得最迅速又是最深刻的，因而在建构超现实的价值里，他走得比别人更远些。

弘一显然是难以复制的，但他所展示的另外一种存在方式，即在抛舍过往一切"有限价值"基础上的生命再起程，再创设新的"菩萨"，启迪的，不只有"出家人"，也有越来越多的"在家人"——不妨试着想想柴米油盐和琴棋书画之外的另一个天空，在那"俗世"看起来好像是虚无缥缈领域，亦有生命的辉煌。

精神自由的"大善"和"乌托邦"的理想

说到生命的无限价值追求，"善恶"之分是无法回避的，"善恶"的标准也是必须回答的。还有，是不是存在终极的"大善"？如果有，它又何在？从王勇峰、雷锋到弘一，三个生命价值追求的样本，如何以"善"的标准来解读呢？

在中国思想传统里，有"人之初，性本善"的人性本质说。此说的潜台词是，人性之"恶"，是"人之初"后的种种外在存在所带来的，这些存在包括自然、社会和人自身等的多元外部规定性。在人的后天生活里，正是这些"外来物"吸引、调节甚至控制了人的生命进程，改变了人性的"本原之善"。

鉴于人总是生活在自然和社会历史之中的动物，总是要受到外部存在的作用，因此，没有任何人可以在出生之后，再保留住最初的"善"，至少是不能够保留住最初全部的"善"。结果是，任何一个人的"善恶"评判标准，也就都社会历史化了——不同的社会形态，不同的历史阶段，不同的生活方式，通常就会有不同的"善恶"标准。如果说，我们认同中国思想传统里最初的"本善"，并以其来认知社会历史的"善恶"和"善恶"标准时，"本善"无疑是天然的、极致的和绝对的。

以基督教为基础的西方传统思想，认定人性具有与生俱来的"恶"，这就是所谓的"原罪"之说。与此相呼应，人的生命过程，不过就是"赎罪"而已。在那个思想体系和实践生活里，"善"是相对于减少"罪恶"而存在的，信仰者首先要明确的，是对自我"罪恶"的认知。之后，便通过宗教仪式和日常生活，去掉罪而"获救"。很清楚，这种源自"原罪"的人性思想，对"罪"的界定是至关紧要的。否则，信仰者将无所适从。一部《圣经》和其他基督教的文献，特别是基督教的发展历史过程，不论其分派如何展开，也不论其有多大变化，"定罪"是所有问题的关键。

有趣的是，除了"违背神意"之罪外，涉及违背法律、道德和其他社会公认准则的"罪"，都是基于社会历史生活中的标准的。善也好，恶也罢，西方传统思想里的判定标准，也离不开社会历史的背景大局。只不过，"违背神意"的"善恶"之分，似乎在一个远离历史和现实的地方，留给了我们一份难以把握的神秘。

当"上帝死了"的惊呼出现在西方世界时，现代存在主义哲学思潮涌起。关于"存在先于本质"的思想，虽然没有评说人性的初始状态，却给出了人的本质是由后天存在来决定的判定，其中自然包括"善恶"的来源和标准问题。而对世界产生了深远影响的马克思主义历史观，则明确了人的社会历史属性，"人是一切社会关系的总和"，是最为经典的历史观名言。可见，在"善恶"起源和判别标准的问题上，外部存在决定论和社会历史决定论，从来都有相当强势的地位。

综合来看，不论是东方还是西方的思想体系，都将社会历史的存在，作为"善恶"的一个来源之地。这一点，反映出了人类思想的某种共性，它并不因为地域之分而有区别。既然"善恶"是社会历史的产物，那么，所谓的"善恶"标准，当然也就一定会由社会历史的存在来创设了。经历过时代变迁的人们都清楚，此时此地之"善"，彼时彼地就可能不再是"善"，甚至可能划到"恶"的范围里。"恶"也一样，历史就是它的度量衡。如此的"善恶"标准，无疑是多元的、多变的和相对的。这也就是人们经常为"善恶"问题争论不休的缘由——因为人们所站的历史位置不同，透过的历史视角不同，选择的历史标准自然就不相同，何人又能辨得清楚社会历史中的"善"和"恶"来说服他者？

人的生活是离不开具体的社会历史环境的。多元、多变和相对的"善恶"标准，虽然说时常让人难以共认，更是难以让人共用来生存和生活，但它们在人类社会历史生存和生活中是一定存在，也是一定需要的。以某种激进的社会历史观看，人类社会除了这样的"善恶"判断标准外，也不再存在任何超越性的绝对标准了。

从王勇峰、雷锋和弘一所处的历史环境来分析，登山英雄彰显了个人征服自然的人类天然力量，助人楷模倡导了社会助人为乐的人类生活方式，一代高僧探求了个人精神追求的人类生命过程，其社会历史性之"善"的色泽是浓厚的。人们之所以普遍认定他们所做的都是"善行"或"善举"，因为他们带给了社会积极的、和谐的和创造性的生命能量，标立起了历史性的生命辉煌的经典。基于此，他们成为人们尊重甚至顶礼膜拜的对象，被社会大书特书并广为推崇，就是顺理成章的事情。在这里，重要的，既是"善恶"的判断标准，更是这种"善恶"标准生成的社会历史环境。

容易看出，当"善恶"由外部存在和社会历史来决定时，人就是被动的。自然、社会和人自身的历史活动，不仅或明确或潜在地创设了"善恶"标准，更是规定了言行的边界。一般而言，人的存在，不过就是在这些历史标准和边界内的经历而已。当你达到了某种自然和社会历史的认可高度，你就是"善"的；相反，当你触及了那"不善"或者"恶"的边界，你就将为那个时代所唾弃。在通常的历史演进里，每个人也都会用历史的标尺进行自我的衡量，择当下之"善"趋近，离众认之"恶"远去。尽管这样的人可以有这等的选择，由于标准和边界的既定性，人并非实质上的主动。对于人的精神而言，则是束缚住了的、不自由的。

如果回到人的主体位置，即回到人作为自然、社会和人自我的主动者位置，从人的精神自由的视角来看问题，我们会有如何的"善恶"理解和标准呢？存在主义的思想告诉我们，你如何信仰，你就如何生活。在这里，人是主动的信仰者，而后才是生活者。问题是，信仰从何而来呢？来自你所处在的自然、社会环境和你自身的存在状态，那便回到了外部存在决定和社会历史决定论，这里的信仰，不过是社会历史存在向人的精神世界的返归，精神还是不自由的。佛学的理论说，心佛即佛，心魔即魔。强调"心"的主导作用，强调人的精神指向。同样的问题是，佛从何来，魔又从何来呢？

王勇峰设定第一个目标后，他的精神便全部集中到登顶七大峰上来了。这时，他的精神自由度，可以说是单向的，受到了目标限制。这一点，在登顶目标达到之后，便清晰地展示了出来：一个似乎是无限的目标，却在有限的时间里实现了，生命的进程陡然没有了方向；他那受限于目标的精神，由于目标的消失而陷入迷茫。如此的人的精神，当然是不自由的。幸运的是，后续登山培训的目标，具有相对的"无限性"，他的精神由此获得了新的生机。不过，即使这样，人的精神自由度，还是单向或受到限制的。一个新的具体目标出现，替代了原有的目标，并不能够改变精神自由的程度，而只是延伸了精神受限的时间而已。

雷锋选择了"多做好事"的生活方式。这种选择一经确定，精神的自由度，也就单向或说受限制了。在雷锋时代里，选择的自由度是较高的。你可以选择在业余时间里读书看报，也可以去帮助他人。尽管说，人有充分的选择自由，却受制于现实生活中的"社会价值准则"或道德标准，如社会认可、他人褒奖等，人的精神依附于既定的社会历史选择，并不是全然自由的。换言之，社会历史的道德标准，外在地给予了人以精神活动的框架，它和世界七大峰、登山培训对于王勇峰的精神限定是一样的。所不同的，是雷锋一开始就设定了相对无限的目标，比起登山英雄来，他没有过程中的迷茫曲折。"多做好事"显然是社会历史的道德高地，社会的高度认同，使得它成为人们追求的某种价值目标。但这种生活方式，毕竟是一种人之外在的社会存在，让人的精神具有了历史的限定感。毛泽东之所以要主导"雷锋精神"的形成，在于那个时代，以及整个世界在相当长的历史时期里有如此"善"的需要；同时，也是一种新的历史道德标准的建构，约束了人的言行，框定了人的精神空间。在此说来，历史的"善"，都是具有精神限定功用的。

弘一的情况大有些不一样。虽然说，寺庙也是社会生活的一个领域，弘一在此同样会受到这样或那样制度和管理规则的约束，但是，那里毕竟远离了日常的"俗世"生活和太多的自然限制，特别是抛弃了大量来自人的欲望的

206

束缚，精神上的自由度是大大地提升了。相对于"红尘"
中的人们，弘一不再为金钱、社会地位、名望以及情感的
纠葛所困扰，除却人间三分烦恼，便得内心十倍安宁，前
期大半生的精神枷锁，陡然卸下，精神世界里思想的大
鹏，就可以自由地飞翔起来。以"空"和"色"来描述和
认知世界的佛界高僧，一旦去"色"而持"空"，那种不
可言状的对于生命价值追求的思考，对于生与死之间樊篱
的拆卸，也即对于生命无限性价值目标的理解，就不再有
自然的局限、社会历史的框架和个人欲望的捆绑；也就不
再具体，不再可触摸，不再多元、多变和相对；而是走向
天然、极致和绝对，完全地异于社会历史性的自然价值尺
度、社会群体标准和个人满足感受。

或许，某种关于生命"绝对无限价值"追求的"菩
萨"，也就是佛教中神秘的"空"，在弘一的内心，已经
清晰至极。只是我们"俗人"受"俗世"的羁绊，不得真
义。我不敢说，弘一的精神是绝对地自由，而后产生出了
绝对的精神价值，再而构建了一种特殊的生命价值模式，
但却总可以认为，有别于"俗世"各种束缚的高度精神自
由，必定带来新的生命价值理念和实践。正是那"若无闲
事在心头，便是人间好时节"的偈语所绘之生命的佳境，
善莫大矣。

三个生命的样本在此告诉我们，人的精神自由与否，
是与社会历史生活的具体性、紧密度关联的——介入的历
史生活越是单一具体，关联越是紧密，人就越是被动，人

的精神就越是受限制，就越不自由。王勇峰的生活和生活目标是最单一具体的，精神的自由度相对较弱；雷锋有相对丰富的生活选择，精神的自由度自然大些，但仍然是社会历史中具体的生活者，精神受限于那个时代的规定；弘一断然地抛弃了李叔同的社会历史生活，他远离了"俗世"，精神世界里的"闲事"少而又少了，精神的自由度迅速升腾，就是不言自明的。在这三个生命由有限到无限的价值追求中，我们看到，社会历史生活对于人的精神自由的巨大抑制作用，"存在决定意识"之说，在此充分地展示出了它的强大性。

一个潜在的结论由此生成，如果我们要回到人的主体位置，"心"了无社会历史生活的挂碍，让人的精神自由度提高，从而让信仰先于生活，首先必须剥离社会历史生活的具体性和紧密度。正是也只是在这个意义上，人才有实在的自我主体回位，人的精神世界才能获得实在的自我掌控空间。或者说，人才能真正成为本原的自己。用这样的精神自由度作为"善"来看三个生命样本，三者的进阶是明确的：王勇峰在初位，雷锋在中位，弘一处于相对的高位。

人的精神自由了，信仰或是"佛"就本然地到来了。前面我们谈到的中国传统思想里的"本善"，以及西方思想和实践中的"神的意志"，它们都不是社会历史中出现的存在，具有超现实性、无限性和绝对性，也就是那个我们无法直接感知和把握的"神秘起始"或"神秘终结"。

或许，佛学中的"空"，是对此最佳的文字表达。这样的"空"之信仰，应当就是人的精神自由后，走入精神世界的无形构建——没有社会历史生活的痕迹，也没有社会历史生活的对标，有的通常也只是对社会历史生活的否定。换言之，当人的精神自由到很高的高度时，社会历史生活中的一切掣肘，便都消失得干干净净，人的精神世界走向了高级的"善"。那种人类用"本善"和"神的意志"所表述的"大善"，也就会随之出现。

俄罗斯的思想家别尔嘉耶夫，可以说一生都在探求人的"精神自由"的问题。由于这一问题直接地关联到了宗教和神学，他也的确深入地研究了人类的宗教和神学思想，他的哲学观点，被人们划列在"宗教哲学"的范围或是神学思想领域，大有远离社会历史现实的意味。其实，从他早年参加俄罗斯革命，又受到驱逐远离祖国，思考过革命的价值，探求过俄罗斯的未来来看，他的思想更多是关心人的生命和价值追求的，虽然带有深厚的宗教哲学的形式色彩。在我读到他关于"善恶"之题的著述里，"大善"之说，"精神自由"之议，人的生命和价值追求始终是思考的核心。

对于别尔嘉耶夫而言，"存在先于本质"的存在主义哲学思想，具有某种时代的进步性，却是忽视了人的主体性和主动性，贬低了人的存在高度。因为按照这种理解，人始终是被动于存在的，人由此不再具有神圣的创造力，无法完成人来到这个世界的使命。别尔嘉耶夫认为，人的

"精神先于存在"，即人是存在的主人、主宰和主导，而"精神自由"又是人去创造世界，走向"大善"的前提。别尔嘉耶夫并非不清楚，人是社会历史中的动物，根本无法远离社会现实而生存和生活，他讲的"精神自由"，实际上，具有双重的含义：一是从人的本质上来看，精神是人的本原性东西，它是自然、自在的，也就是自由的；二是当人类创造出社会历史的存在后，精神不应当被存在所奴役，也可以不被存在所奴役，人能够自我获取或回归精神的本原自由。从后一种理解来看，我们更容易在社会历史生活里，认知人的本质和"精神自由"。

正是在人类具有如此的"精神自由"里，那个终极并模糊不清的"大善"，竟然可以被某种有感可见的形态建构出来。这便是我们常常谈论到的"乌托邦"类的理想性或幻想性创设。从古到今的社会历史生活，那些具有高度"精神自由"的人们，不知道在他们的精神世界里，建设了多少"乌托邦"。更令人不得不深思的是，即使没有任何一个"乌托邦"出现在真实的历史中，新的"乌托邦"的创设，也从来就没有在人们的精神世界里消失过。所有的"乌托邦"共有的特点，无一不是针对社会历史生活中的缺陷而设计的：去除缺陷，便可以塑造精神中极度美好的世界。人类社会的历史进程表明，"乌托邦"一直寄托着人类的一种向往。而且，社会历史生活中的缺陷越多，一方面，这种向往就越发积极和强烈；另一方面，相应的"乌托邦"构想，就越是完美无缺。

一言以蔽之，"乌托邦"离人类历史社会很远很远，却在人类的精神世界里，很近很近。或者说，人类的精神世界里，从来就没有离开过"乌托邦"——对于人类社会的历史是如此，对于个人生命的价值追求，也是如此。试想，谁又没有过梦想？谁又仅仅只有有限的梦想？

关于"善"的一种升华理解出现了。在人的生命价值追求里，我们可以有社会历史确定的"善"的选择，如同王勇峰、雷锋，也如同部分的弘一；我们还可以有超越社会历史的"善"的思考，如弘一对于佛教中"空空色色"的冥想，又如别尔嘉耶夫对于"大善"的探求。作为人，作为生命的存在，已经有那么多的光辉思想在启迪我们，我们应当时常提醒自己。人在本质上，精神是自然、自在和自由的；人在生命的过程中，精神也是会受到掣肘的，但本质上的自由基底，你可以主动去拆除外在的樊篱，回归自由的状态。恰恰是人的"精神自由"特别是高度"精神自由"，能够带给你足够的"善"。如果人皆如此，那样的社会历史生活，就会走向终极的"大善"，"乌托邦"成为现实。而人类精神世界里，不再有，也不再需要建造新的"乌托邦"。

这是一种终结的逻辑，也是一个终结的世界。或许不幸或许有幸，我们看不到如此终结的到来，人的生命过程仍然在社会历史的环境下生生不息地前行，人的"精神自由"也只是一种相对而言的提升走势。那种别尔嘉耶夫言及的高度"精神自由"，本身就是一个"乌托邦"。因此，我们说，王勇峰是需要的，雷锋是需要的，弘一也是需要的。之所以如此，一是他们已然存在，二是他们代表了生命价值追求中有限向无限延伸的不同群体，既展示了社会历史的"善"和"善"的选择，又涉及超越社会历史的"大善"和对"大善"的向往。

换句话说，我们只能生活在既定的社会历史环境里，但我们必定又需要超越既定的社会历史环境；我们需要"乌托邦"，但"乌托邦"是用来向往的，不是用来实现的；我们的精神是自由的，但我们永远也达不到那种绝对性的"精神自由"。

说到这里，我们颇有几分的无奈。谁都清楚，作为社会历史生活中的人，我们并不能够触摸和感知那个终极的"大善"，甚至无法较为明确地述说。因为此，相关问题的思考者和某些实践者，常常被冠以"虚无主义"而被简单地否定。然而，我们更有多分的信心，从古到今，不仅为众的思想者从来就没有停止过对此的思考和探求；就是普通的民众，一旦思考生命的价值和追求，就会关联到有限和无限的问题，就会想到"善恶"判别，以及终极的"大善"等。人的生命是一个复杂的过程，其精神世界的复杂，有时解说得了，有时是解说不了的。

2014 年 5 月 18 日　星期日　开始动笔
2015 年 4 月 6 日　　星期一　初稿完毕
2015 年 4 月 11 日　星期六　修改定稿
（原载《书屋》2015 年第 6 期，发表时有删节）

我读俄罗斯

- 中国和俄罗斯有着渊源深厚的思想和意识关联。我个人也有与俄罗斯的思想和意识关联。我在不同时期读到的不同的俄罗斯作品，竟然可以清理出一条历史的、思想的逻辑。

- 《钢铁是怎样炼成的》是关于个人与集体关系的：个人奉献出生活、爱情甚至生命来追随一个集体的伟大目标；《苏联社会主义经济问题》则只是关于集体的，书里没有个人的成分，那似乎就是《钢铁是怎样炼成的》主人公保尔所追求的伟大目标的具体化；别尔嘉耶夫的著作明显看不到集体存在，不论是他论说"人的使命、人的奴役与自由"，还是"我"的人生及思想记录，完全地、绝对地是关于个人的，关于个性的，关于个人的自由、精神及个体生命价值的。

- 在这样不同的文字品种里，我读出了俄罗斯个人和集体存在的历史关联和思想裂变，历史的、

　　思想的逻辑凸显出来：**从个人到集体再到个人，有否定之否定的意味。**

　　我正在读俄罗斯思想家尼古拉·别尔嘉耶夫的思想漫游式自传《自我认知》。

　　作为一个中国当下的经济学者，我不知道经济学界是否有人在读或读过此书。一般说来，读《马克思传》《亚当·斯密传》或是《凯恩斯传》之类的书，应当是经济学界的"正业"。别氏是位哲学家，偏重于个人经验视角，似乎存在主义又非一般存在主义，似乎宗教哲学又完全从生活"此岸"中寻找意义，却未涉足过经济学的此题他目，读他的自传，要么是特别的个人兴趣所致，要么就有着特殊的思想缘由。我所以读它，有些前者的成分，但主要是后者。

　　中国和俄罗斯有着渊源深厚的思想和意识关联。从20世纪初俄国的"十月革命—声炮响"，到苏联社会主义建设标准模式的构建，再到后来"休克疗法"的经济改革，无一不与中国社会的大变革密切相关——"炮声"送来了马克思列宁主义，"苏联模式"则展示给了包括中国在内的整个社会主义阵营斯大林思维，"休克疗法"不能不说是一份经济改革和社会制度选择的重要遗产，足足实实地警示了中国经济改革的制度选择走向。从这个角度看，俄罗斯一直是我们的"老大哥"，给予过我们某种信仰，又给予过我们某种坚定信仰的经验示范，最后则给予了我们毁灭某种信仰的再次选择。或许，这再次的选择，是在试图建立另外一种新的信仰。

恰好在这样大的历史关联里，如同别尔嘉耶夫方法提示的那样，我也有个人与俄罗斯的思想和意识关联。当将这种关联加以梳理时，发现不同时期读到的俄罗斯作品，不论是传记文学还是学术著作，竟然可以清理出一条历史的、思想的逻辑。更令人兴趣盎然的是，如此逻辑还有引致更深刻思想领域的力量，在非常有限的阅读之中，开辟出了一个通向无限理解的通道。我的思想升华或是有新高度了。

人的生命是有限的。不管是何种原因，在有限的生命里读到的书，都只能有一种解释，那就是"缘分"而致。在这里，所谓主动而读与被动而阅，并没有什么区别。细想下来，我认真读过的俄罗斯作品，大体有十好几种，能够建立起"我读俄罗斯"而来的历史、思想逻辑的，便是这样几本书：奥斯特洛夫斯基的自传体小说《钢铁是怎样炼成的》，斯大林的经济学术著作《苏联社会主义经济问题》和别尔嘉耶夫的哲学著作《论人的使命》《人的奴役与自由》以及思想自传《自我认知》等。那么，在这样几本书里，究竟又有什么样的内在逻辑可以演化出来呢？

从个人与集体的关系角度看，《钢铁是怎样炼成的》是关于个人与集体关联的：个人奉献出生活、爱情甚至生命来追随一个集体的伟大目标；《苏联社会主义经济问题》则只是关于集体的，舍去经济的特殊视角，书里只有集体的存在，不再有个人的成分，那似乎就是《钢铁是怎样炼成的》主人公保尔参加革命所追求伟大目标的具体化；别氏的著作就明显地看不到集体存在，不论是他论说"人的使命、人的奴役与自由"，还是通篇以"我"开始的人生及思想记录，完全地、绝对地是关于个人的，关于个性的，关于个人的自由、精神及个体生命价值的。

恰恰就是在这样不同文字品种和不同方式的表达里，我读出了俄罗斯个人和集体存在的历史关联和思想裂变，历史的、思想的逻辑凸显出来：**从个人到集体再到个人，有否定之否定意味**——或许，这不仅仅属于俄罗斯；也或许，这不仅仅属于历史，不仅仅属于思想领域或精神领域，还实实在在地关联社会现实生活。

关于《钢铁是怎样炼成的》

这是一位革命战士的自传体小说。我是 1973 年上高中时读到的。繁体汉字加上竖排版，书从形式上就带有几分接近革命时代的气息。在几乎读不到世界名著和中华传统经典的"文革"时段，这本书成了我精神世界里的一炷香火。

颇有些意味的是，书是从我同学母亲工作的一家大国营工厂图书馆借来的。不知是管理不严，还是天意如此，从拿到手后，走南闯北，它就再也没有离开过我，虽然后来也借给他人看过。有些遗憾的，一是此书在转借之中，主人公情窦初开的那一页描写丢失；二是近期我在数千册藏书的堆积里，竟然没有找到它。当然，遗憾并不凸显，因为其内容已经融入我的生命世界或精神世界里。

随意间闭上眼睛，想象这本书里面描写的场景，一下子就涌出五个来。其中三个发生在主人公保尔·柯察金和他初恋恋人冬妮亚之间，一个发生在可能成为革命伴侣的丽达与保尔之间。再一个，就是本书最为高潮却也是英雄准备谢幕的悲壮时刻——病痛缠身的保尔独自在公园里，回忆并总结自己的一生，欣慰地认定这一生"过得还不错"。最重要的是没有"虚度年华"，更不是"碌碌无为"，因为在革命的红旗上，有他的几滴鲜血。

然而，革命的初步成功，他只剩下了几近残废的身体。当再奉献已经没有了本钱，虚度来日，无为余生，当是英雄的耻辱，结束生命或许就是革命战士最佳的选择。要知道，革命就是革命者唯一和最高的价值。如果不能继续革命了，革命者就如同行尸走肉一般。如是，他举起了手枪，对准自己。

第一次读到保尔举枪时，我内心充满了紧张。英雄是不能消失的，至少是不能如此消失的。要消失，也只能消失在革命的进程之中，并有完整的为革命献身的方式。通过自杀来结束生命，绝非英雄，那只是懦夫。果然，失去了健壮身体的保尔，坚定地战胜了自己。他放下了枪，拿起了笔杆子这种新的武器，又跟上了革命的队伍。

这是真实的结局，要不就没有《钢铁是怎样炼成的》

这部伟大的英雄作品。当然,这也是我期望的结局。这个英雄必须存在,并且是完美地存在。就是今天,我也这样认为。否则,我这一生就不会有任何英雄的情结了。

保尔和冬妮亚的爱情故事,读来让人惋惜至今。就是在"文化大革命"的高潮时期,人们被禁说爱情,我也偷偷地设想着另外一种结局:冬妮亚从爱情中获得对革命的同情,成为革命者,与保尔"终成眷属"。自传体的文学作品,有其基本的真实要求,那种萌发于人性中自然的爱恋之情,完全没有历史可能地与"革命""无产者英雄"融合起来,保尔和冬妮亚在青春时代产生的男女异性间炽热的吸引,成就的却是一个历史英雄与超然爱情无法一体的悲剧!

于是,我深深地理解了,保尔和冬妮亚的第一次偶然相识,是男女双方都没有任何革命意识情况下的天然爱情萌动,这是相当超然的情感;当保尔面对抓捕,两人不得不离别时,那种依依不舍和痛苦,仍然是保尔的革命意识尚模糊不清之下的纯真之爱,两个鲜活的青春身体紧紧地依偎,进而产生了更为渴望的冲动,多么简单和自然的爱情啊。每当我读到这里,就情不自禁地盼望那种自然而然的爱情,修成正果。

爱情悲剧的最后场景是令人内心纠结的。保尔在几乎搭上自己的性命修筑铁路中,巧遇已经成为贵妇的冬妮亚和她的丈夫。这时的保尔,已经是一个完全献身于革命的战士,冬妮亚则成为地地道道的资产阶级一分子。两人之间那一段相互贬低的话，再也没有了恋人之间的丝毫痕迹。冬妮亚惊讶和嘲笑保尔的寒酸和粗鲁，保尔则"温和地"用了"酸臭"表达了对冬妮亚的蔑视。在这里，两个活生生的个体人对话，一下子演化成了两个阶级或两个集体的价值观展示。是的，个人已经被社会历史的无常所规定掉了，他们只能也只会如此说话。

我内心的纠结在于，为什么革命，一定要，又一定会消灭那种源自人性里最初、最本真的美好情感呢？进一步问，这种革命所要达到的目的，就是毁灭这样的天然情感，还是希冀创造一个新的历史平台，认同并护卫如此的爱情？如果只是前者，那革命究竟为了什么？毕竟人性的本原之爱之情，那是自然的存在，也是自然美好的存在，只是毁灭这样存在的革命，又何以赢得人心？

这些问题很快有了部分答案。保尔和丽达，两个革命的异性同志，出场了。自然天性之爱和志同道合，应当的、合理的结果，便是两人革命的婚姻和家庭，再生产出革命的后一代。要命的是，如此的逻辑在保尔和丽达身上居然没有出现。保尔出于"革命的"的考虑，拒绝了丽达的爱。这看似过分的拒绝，想来却是非常地合情合理。因为从革命者来看，世界上最为崇高的，就是革命本身，其余的一切，都不重要。男女之情之爱，如果不是纯粹出于革命的需要，或者与革命需要没有直接联系，就可以让位，就可以毫不留情地舍弃。

保尔毕竟还是个体的人，有着血肉之躯。后来他也有些后悔，终于对丽达的爱有了接纳的表示。不料为时晚矣，丽达已嫁人生子。当两人再次相见时，内心深处那天然的男女情感被拨动。丽达很想补偿一下他们之间的情感遗憾，却还是"革命的"意志战胜了人性里某种与生俱来的欲望。除了丽达事后写给保尔的信里说明了一下情况，什么也没有发生。

由丽达和保尔的爱情故事引申开来，基于革命价值的唯一性和崇高性，即便是在革命队伍之内，相恋的男女，也很难以自然天性的异性吸引或称"真爱"结合为一体。从革命者的"革命精神"或是"革命意志"来说，他们绝大多数都不会接受没有"革命内涵"而只有儿女情长的相恋和结合。如果说，保尔和冬妮亚之间，由于隶属于无产阶级集体和资产阶级集体的不同，从而他们的爱情根本不可能结出果实，那么，保尔和丽达之间，则由于对革命的理解和献身程度的不同，也难以结成秦晋之好——从天然的爱情看，丽达更爱保尔，却与另一位革命同志结婚；保尔则几近完全地投身革命，远远地离开了"真爱"。

仅仅由此推演，我们很难想象由保尔一类革命者组织和参与的革命，会去创造出一个认同并护卫个人天然爱情的新世界。实际上，这种革命，具有明显不过的与个人天然情感对抗的历史性质。

在某种意义上讲，《钢铁是怎样炼成的》是一部"无产者英雄"的整体如何通过革命锻造出来的史诗，保尔只是一个典型代表。这部作品的全部伟大之处，我以为就在这里——个别的、特殊的、具体的英雄，展示了一个时代英雄的全部面貌。这些英雄，经历了社会历史变迁的惊涛骇浪，也经历了个人情感世界里的风风雨雨，还经历了无数回生命可能丧失的危难险境。他们在坚定的革命信仰之下，完全地奉献了个人的身体和情感，以牺牲自己的一切，甚至毁灭个人的存在，去成就一个集体的崇高目标。

让我们称他们为英雄并肃然起敬的，就是这种全然无我的献身精神！当以一个集体的目标作为价值评说的基准时，如此的英雄，是多么值得尊敬和效仿啊！事实上，从第一次读到此书至今，在我这个"个体人"的身上，在类似我这个"个体人"的他人身上，又何尝没有某些如此英雄的意识和点点滴滴的痕迹？

"钢铁"，这是一个坚强却冰冷的词汇。"钢铁是怎样炼成的"可以做这样的字面解读，当集体目标需要时，一个个鲜活人的生活、爱情甚至生命的付出，熔炼出了超越个人天性、没有情感、没有色彩，也没有温度的固化之物。很不幸，从完全的"个体人"来看，如此的付出，由于毫无保留地融合在集体目标的崇高之中，天然活生生的个体生命价值，就完全消失了。更不幸的是，从这部作品的内容来看，此处的字面解读，其实就是历史的事实。

这让我们陷入了从不同视角看问题的内心巨大冲突：从集体的历史价值看，保尔是英雄，一个时代整体英雄的代表，值得肯定、值得渲染和追随；从个体的自然价值看，从生活、爱情和生命的天性看，保尔因"革命"而

221

完全没有自我，丧失了个体存在的意义，他不是属于自己的。这也就是保尔那句名言所表达的："我的整个生命和全部精力都献给了世界上最壮丽的事业——为人类的解放而斗争。"在保尔的心目中，他认定自己就是没有自我存在的集体的一分子，他完全彻底地为了那个集体放弃了自我的一切。作为读者，我们一方面为英雄叫好，同时又为保尔个人生命的严重缺憾而深深地扼腕。

怪不得，我读过这么多回此书，却一直为保尔的健康被毁坏而惋惜，为保尔和冬妮亚、丽达的爱情失去而心存痛楚。原来，在我的内心深处，还有着从个体来看英雄的另外一个天然角度。我想，或许读过此书的人，大多会有如此的角度和如此的感受吧。

保尔是为自己的崇高理想参加革命而奉献出一切的。相应地，我们寄望于革命成功后，保尔所讲的"世界上最壮丽的事业"的前景。那是否仍然只有集体存在，仍然需要奉献出个体人的生活、爱情甚至生命的价值而完全没有自我？还是让人回归自我的天性，回归自然的生活、爱情和生命呢？还是集体和个人的和谐存在，社会历史与人类天性达到"合一"的程度？

《钢铁是怎样炼成的》里当然不会有答案。奥斯特洛夫斯基也无法给出答案。实际上，他对"最壮丽事业"的理解，也只是一个模糊不清的遥远未来，和一个现实的苏维埃政权的混合体。有幸的是，我们看到了俄罗斯革命后的新的历史和制度建设进程，那里给出的实际答案，是足够令我们惊讶的。

关于《苏联社会主义经济问题》

这是斯大林论述社会主义经济制度建设和学说的一部重要著作。说其重要，是因为它不仅就苏联三十多年社会主义经济制度建设进行了经验总结，更重要的在于，它引申出了所谓一般的社会主义经济制度建设理论。这个一般的理论，极大地影响了那个时代包括中国在内的所有社会主义阵营国家。我选择这一著作来评说俄国革命成功后的"最壮丽事业"，由于它在那个时代的"权威性"而极富典型意义。

从经济理论历史的角度来看，这部著作回答了如何建设社会主义制度的几个重大经济问题，如认识社会主义制度下的基本经济规律问题，公有制的形式问题，社会主义制度下的商品生产和价值规律问题等。由于马克思、恩格斯只有在批判资本主义制度基础上对未来社会制度的抽象推论，列宁也只有短期社会主义制度建设的经验总结，斯大林根据苏联几十年的经历，从实践中总结出社会主义经济理论，就格外具有价值。事实上，在那个历史时段里，整个社会主义阵营的国家，非常需要这样的"建设性理论"。

当我们弱化掉纯粹的经济视角，将此书放置在从俄国革命到当下来观察，并以个人和集体的关系来分析时，这部著作的另一个特殊性就凸显了——个人在其中是不存在的，存在的只有集体。如果非要"挖掘出"个人的存在，那也只有在集体先行存在的前提之下，服从于各种社会主义"规律"安排的个人。这些个人，显然不具有自由、自主和自在的特质。他们唯一的主动意识，就是可以认识规律和适应规律，不能改造，当然更不能改变"客观规律"。

斯大林强调了"三个规律"。一是社会主义的基本经济规律，即"用在高度技术基础上使社会主义生产不断增长和不断完善的办法，来保证最大限度地满足整个社会经常增长的物质和文化的需要"。在这里，我们只看到"整个社会"的整体需要，个人需要则完全消失在这个规律下的集体需要之中。

那么，如何在整个社会需要满足之后，具体到个人的需要满足呢？毕竟个人是自然的存在，由个人而来的家庭也是自然衍生性的存在，"整个社会"是无法替代如此自然结构的。那便涉及社会主义分配的问题了。

由此，斯大林逻辑严密地谈论了第二个规律，即国民经济有计划按比例的发展规律。在本原的意义上讲，这个规律是关于全社会的整个生产和消费安排及衔接的。可以想象，如果是一个相对简单的总量生产和消费安排，而且是短期的安排，那好办，有一个组织严密、精英集中、技术完备的计划机构，就可以实现。问题是，一个社会的生产和消费，根本不可能是相对简单的总量对接，何况其中还有更加复杂的分配和流通环节。如何才能深刻地认识这个规律，并且落实在年度计划和五年计划之中？斯大林对此提出了问题，却没有谈论如何解决。

实际的情况是，在苏联"斯大林经济模式"里，最重要的一个特征，就是高度集中的计划经济，其中包括对个人和家庭的分配。这很好理解。因为在如此"规律"之下，如果分配问题不能够"有计划按比例"，国民经济的这个规律，就很难实现，计划机构的认识规律的水平就将很低。斯大林在书中，以批评的口气认为苏联的年度计划和五年计划水平不高，并没有深刻认识到规律的"客观性"，其实质是认定，苏联计划的集中度还没有足够高到一切都可以由一个精确的计划机构来确定。在这样的格局下，作为自然存在和自然衍生存在的个人和家庭，就被"规律"覆盖掉了。

有意思的是，斯大林谈到一个矛盾存在，即第三个规律——社会主义制度下的商品生产和价值规律。在苏联早期的社会主义实践中，由于历史承接和现实问题，商品生产和流通根本就无法消除，强制性地消灭商品生产和流通，搞"纯粹的共产主义"，带来了经济的巨大灾难。由此便有了列宁的"新经济政策"，承认社会主义制度下商品生产和流通某种程度的合理性，承认私人资本的某种有限度存在，结果带来了经济的迅速繁荣。

斯大林清楚地看到了这一点。他用了较长篇幅说明，社会主义制度下，商品生产是会存在的。但是，商品生产存在的基本理由，他认为不是也不应当是私有制，而是存在不同的公有制形式，即全民所有和集体所有。在这种格局下，只有商品生产才能够连通两者之间的经济关系。消灭商品生产，当且仅当一切生产资料都是全民所有时，才能够做到。这种解释逻辑是成立的。但当它一涉及价值规律，矛盾的地方就出现了。

价值规律是商品生产和流通的基本规律。这个规律的表现形式，就是商品的价格会随着供求关系的变化而变化，这与我们日常生活的常识是吻合的。对于生产者而言，商品价格上升，就会刺激更多生产；而价格下降时，生产就会相应减少。换句话说，价值规律具有调节生产的作用。这是这个规律的一般性作用，却明显与社会主义制度下的有计划按比例发展规律，形成了内在矛盾——要么是价值规律自发发生调节作用，要么是有计划按比例发展规律决定了生产，两者不可调和。

斯大林当然不可能否定社会主义制度下的基本规律，更不可能否定自己已经建立起来的高度集中的计划经济体制。结果，他认为，在社会主义制度下，价值规律只对流通产生作用，对生产没有调节、但有"受到限制的"影响作用，由此勉强地完成了一个不大令人信服的"自圆其说"逻辑。与列宁的"新经济政策"实践不同的是，斯大林完全否定了私人资本和私有企业存在的必然性和合理性，他在加速集体农庄化的过程中，认定未来农庄也将全民所有，最终实现纯粹的共产主义制度。那时，商品生产和价值规律就将彻底被消灭。

在我看来，斯大林的"三个规律"无一不与个人相关。从消费到关联的生产活动，再到财产所有，个人至少要有自我消费（别人不可以替代，如吃喝）、个人自己劳动（别人也不可以替代，替代就不是自己劳动了），在某些情况下，个人甚至要有自我的基本固定资产和工具（如成衣工，至少需要缝纫机等工具）。当"三个规律"构造成了社会主义制度的基础时，个人从吃喝、劳动活动等的存在，就不过是服从"整个社会需要""国民经济有计划按比例发展"需要以及受到限制的"价值规律"的摆布而已。在这里，个人的生活，包括日常生活和情感生活，以及关联生命的其他自然和精神生活等，便成为"社会主义规律"作用的附属物。可见，所谓的"斯大林模式"于此题所议，实质就是否定个人作为个体自由、自主和自在的特殊制度形式。

很不幸，在"斯大林模式"下的苏联社会主义建设历史，充分地展示了个人存在被否定的悲惨经历。除了斯大林等极少数个人有着制度代表、集体领袖等光环，从而拥有制度赋予的登峰造极的"个人崇拜"之外，绝大多数的普通个人，则被完全限制了自我而失去了存在感，有些甚至毁掉了正常的生活、自然的爱情和至高无上的生命。斯大林当政期间，那场骇人听闻的"肃反运动"造成的大量人头落地，不能不说是如此悲惨经历中最为惊心动魄的一幕，个人的价值乃至于生死几如蝼蚁一样，可被随意无情地毁弃。

现在，让我们沿着奥斯特洛夫斯基在《钢铁是怎样炼成的》中提出的问题前行。就苏联的历史而论，俄国革命所达到的"最壮丽事业"的初级目标，也就是牺牲了包括保尔在内无数个体生活、爱情和生命的革命的直接结果，还是在为一个更加大的集体目的，继续否定或毁灭个人自我的存在——没有自由的生活，没有自主的爱情，也没有自在的生命。如此的后革命现实，是俄罗斯革命所希望达到的吗？

从"人类最壮丽事业"的一般理解出发，从人的解放而不是人的奴役出发，更从个人的自然天性出发，如此的革命结果，应当不是革命的初衷，至少不是革命的全部目标或主要目标所在。虽然说，在革命时，对于革命胜利之后建设一个怎样的社会制度，所有的人都没有清晰的概念，但是，推翻一个"人剥削人"的制度，绝对不应当是简单地换一批人，再来"剥夺"另外一批人；更不应当是有一个所谓大集体的存在，"剥夺"绝大部分个人作为个体最基本的自由、自主和自在的状况。如果说，革命之后的新世界，仍然是对个人的生活、爱情和生命无情的摧毁，那么，回看过去，革命的价值就成了问题；展望前景，革命后的新制度，便必然迅速转化为"旧制度"成为又一次革命的对象。

这不是一个逻辑推演的理论预测，而是实在的历史进程。我们看到，俄罗斯上演了又一次革命对于前一次革命成果否定的活剧。随着斯大林自然生命的结束，"斯大林模式"很快就走到了历史终点。

俄罗斯的未来在哪里？从赫鲁晓夫接盘斯大林，到随后的苏联解体等一系列巨大变化，再到俄罗斯的当下，这个问题从来就没有离开过那片广袤的土地。历史地看，俄罗斯似乎总是在否定过去中，获得对于未来的认知，进而生发出一次又一次的"革命"或是"巨变"。就是在这样的否定之否定中，许多俄罗斯思想家，反思如此频繁的革命和制度变迁，是不是只具有某种"革命本身"的价值，部分群体的价值，从而这些"革命"的一次又一次简单重复没有意义？如果真是如此，又如何教化那些革命者抑制住没完没了的革命热情？如果革命再度发生真的得到了抑制，俄罗斯又依托什么前行，走向一个新的世界？

2012年秋季，我来到了俄罗斯的首都莫斯科。在红场参观时，一会儿看到俄罗斯总统的办公大楼，一会儿看到金色"洋葱头"屋顶的东正教教堂。它们似乎在向我展示某种政治和宗教的关联。在莫斯科河畔散步时，一大片露天油画的自售区吸引了我，那充满了十足个性的俄罗斯油画，给我提出了一个特殊的问题——在这个给人类世界做出过巨大贡献，并且独特地展示过革命和集体价值高于一切的国度里，个体的人是不是正在或是已经得到了某种自由？他们可以自主和自在地生活、享受爱情和生命的愉悦吗？

我想到了俄罗斯思想家尼古拉·别尔嘉耶夫。

关于《论人的使命》《人的奴役与自由》和 《自我认知》

　　别尔嘉耶夫 1874 年出生于俄罗斯基辅一个贵族家庭。青年时代崇尚马克思的学说，对现实社会问题充满关注和参与的热情。他大量阅读了本民族的经典和西方特别是德国的哲学著作，经历了悲喜无常的俄国革命，其中包括他自身多次被捕，最后被流放异国他乡的亲身体验，他的思想转向了"以个人为中心"的存在主义哲学。他从外部"客体化世界"奴役了"主体的人"的观察入题，始终围绕人的自由、创造和爱进行思考，终极地提出了人的内在"精神自由"的最高境界，以救赎被奴役的人自身，引致他的哲学走向了超验的、绝对的、无限的价值领域，即信仰"上帝"与"人交会存在"的宗教哲学领域。

　　与众不同的是，别尔嘉耶夫关于个人"精神自由"的哲学思想，不是学院里冥思苦索的抽象逻辑推理，而是源自俄罗斯现实社会生活，并要回归造福于社会生活的思想关怀，具有实实在在"改造社会现实"的功用。别尔嘉耶夫 1922 年被迫离开俄罗斯后，再也没有踏上过祖国的土地，但他的思想在苏联解体之后，重新回到了俄罗斯的现实生活，特别是回到了知识群体之中，受到热烈的响应。

　　举例说，他和几位志同道合的思想者在 1909 年出版的《路标集》，思索了另外一条可能的社会变革之道。这条道路，从批判俄罗斯的知识阶层现状入手，提倡由宗教

230

的"彼岸"回望和批判现实的"此岸"，先解决知识阶层个人"内心的奴役"（或说"精神自由"）问题，由此引导去构建一种新的哲学和社会实践，进而形成俄罗斯社会的新走向。一百多年后的今天，这种"路标"思想仍然在俄罗斯社会产生着潜移默化的深刻影响。

可惜的是，历史没有给予这一"路标"理论完整实践的时段，别尔嘉耶夫以个人"精神自由"来改造社会的理想，走进了一些个人的精神世界，却远未成为大部分人的社会生活现实。

从奥斯特洛夫斯基的《钢铁是怎样炼成的》走来，别尔嘉耶夫这几本书给予的是何种历史与逻辑关联？俄罗斯革命后的"斯大林模式"，让人对革命的价值产生怀疑，别尔嘉耶夫的思想是否可以给予一种希望？从未来来看，别尔嘉耶夫关于个人自由、创造和爱的哲学思想，是不是有助于俄罗斯今后社会制度和个人生活、爱情与生命价值关系和谐地构建？

先放下别尔嘉耶夫深邃的个人"精神自由"不论，他从"个人为本"的视角来思考和定位他的哲学，本身就提供给俄罗斯那个时代一个巨大的参照。可惜，在革命的狂热和革命可能带给俄罗斯崭新时代的热望里，革命的价值和集体的整体利益，完全淹没了别尔嘉耶夫"个人为本"的思想，就连他这个鲜活的个人本身，也被装上了革命的"哲学船"（1922 年，苏维埃政府用两艘外国船，驱逐了一百余名俄罗斯知识精英到西方国家，史称"哲学船事件"），流放到了异邦。

　　然而，历史天平的每次倾斜，会有另外一次反向倾斜来平衡。当一次次革命或社会变革，总是在牺牲或毁灭绝大多数个人的生活、爱情和生命时，革命、政府、社会、制度等集体的价值，就不能不受到质疑，价值的天平便自然而然地向"个人"倾斜。别尔嘉耶夫类"先知先觉"的思想家在革命之时就已经萌发的"个人为本"的真知灼见，大有黑暗中的阳光一般，格外耀眼，照亮了俄罗斯民族的心灵。事实上，苏联解体之后俄罗斯社会的价值观，不论经济和政治的形式如何变幻，个人价值在强烈化，是一个不争的事实。可以说，集体价值的历史崇高性，在俄罗斯的今天，正在渐渐被个人价值的自然神圣性所替代。

　　在"个人为本"的基础上，"个人自由"是别尔嘉耶夫思想中最重要也是最核心的方面。从古到今，"自由"是一个充满了歧义的字眼，无数的思想家为此付出了巨大的心血去探求，却没有终结出一个统一的认知。我们暂且撇开别尔嘉耶夫对"自由"的特殊理解，仅以他对于"个人自由"的极致性张扬，便在俄罗斯革命前后到苏联解体前后的历史时段里，甚至到今天，产生着振聋发聩的警醒和呼唤作用。对于一个个人自由在历史上一度被革命和集体完全剥夺的国家，对于一个个人自由至今尚未得到清晰和足够制度保障的国家，"个人自由"即使是一面模糊不清的旗帜，高举它并坚定地走向山巅的人，也是值得高度赞扬和追随的。看历史，这是一种警醒，防止再次以"革命"和"集体"的名义；看现实，这是一种呼唤，倡导个人自由的至上性。

那么，究竟什么是别尔嘉耶夫的"个人自由"呢？现在，我们可以深入到他"精神自由"的内核中去。在个人自由的思考中，别尔嘉耶夫认为人的自由，应当是也只能是"精神自由"，而不是一般的选择自由。在现实生活中，我们总是面临 A 或 B 的选择问题，人们可以有如此选择的自由。但这种自由，无论如何选择，都是以丧失另外一种选择为前提的。这不是真正的自由，不是人的最后救赎和解放。人的"精神自由"，则完全不同，它是在精神世界里，人向着一种终极价值，或是称为"大善"，或是称为基督教《圣经》中"大神秘"的"上帝"方向超越的自由。

由于涉及了宗教和神秘性，别尔嘉耶夫关于人的"精神自由"，就容易被误解为天国的臆想而离现实很远。他的存在主义也常常被冠以"宗教存在主义"，被挤压到了相当脱离生活的神学世界。然而，别尔嘉耶夫坚定认为："我从来都不是'纯粹'的哲学家，从来都不追求脱离生活的哲学。"事实也是如此。如果说，其他思想家研究"人"，是看着人、思考人、解释人，再寻求解放人的途径，那么，别尔嘉耶夫则是看着人、思考神、解释人，从人与神的交会中，寻求解放人的途径——以神的无限自由来认知现实生活中人的有限自由或不自由，提供给人一种自我的终极性救赎之道。

其实，就在我们生活里，以神的无限自由来认知人的有限自由或不自由，并向往那种无限自由的事情，是天天都在出现的。在中国佛教的寺庙里，每天都有大量的人燃香礼佛，除了那些带有明确功利目的的"功名利禄"诉求外，尚有更多的"向佛而善"的精神追求，特别是那些虔诚的佛家弟子和居士们。因佛是"大善"，是最终的精神自由，是个人追随却难以达至的终极，"成佛"也就是精神世界的极致向往了。这种人追随佛，并希望与佛交会的精神走向，与别尔嘉耶夫的"精神自由"向往颇为接近。结果，在这样的追随之中，人的精神得到了极大的自主性和解放，由佛的"大善"演化成人的"善举"，便易于造福于现实社会的芸芸众生。"神"，就这样来到你我中间了。

无疑，对于缺乏基督教历史基础的社会，同时对于唯心主义哲学没有广泛接受的社会，即使有一些思想者深刻地理解了别尔嘉耶夫的"精神自由"，要让大众清楚其含义，并且能够成为日常社会生活的言行指示，是一件相当困难的事情。俄罗斯社会显然没有这种困难，它具有深厚的基督教（东正教）历史基础，唯心主义也从未完全地在那块土地上消失过。当俄罗斯革命及后续的社会变化，渐渐地凸显出了个人存在的价值后，别尔嘉耶夫提出的"精神自由"思想，便大有从知识界接受再到大众广泛接受的可能性。这在某种程度上，预示着俄罗斯社会未来的某种方向——别尔嘉耶夫"精神自由"的"路标"仍然具备推进社会变革的巨大力量。

相比"存在先于本质"的存在主义哲学，别尔嘉耶夫的哲学强调"自由高于存在"。他的"精神自由"思想，让他的哲学思想从一般的存在主义出发，达到了一个别样的全新高度。这个高度的显著特点在于，人的内在自由或"精神自由"是绝对第一位的；其余的一切，包括人自己创造出来的外部世界，都应当隶属于这种"精神自由"而存在。否则，人就是被奴役的，并且最多地被自己创造出来的客体化世界所奴役：人创造了机器，被机器奴役；人创造了金钱，被金钱奴役；人创造了成文制度、规则、宗教意识等，又被这些创造物所奴役。

从"精神自由"思想的实践来看，别尔嘉耶夫提出了一种全新的社会变革思路，即从以往一味由外部世界"革命"或"改造"发轫来创建新的社会，转向个人内心"精神自由"、追求真理，再外部化为现实世界、社会制度和历史的新变革路径。在新的变革实践中，外部形成的制度也好，组织也罢，甚至意识形态、宗教理念，以及经济和科技的成果（如货币、现代网络技术等），都只应当是从属于个人的"精神自由"，而不是相反。

按照别尔嘉耶夫的这种理解，迄今为止的人类社会，由于人没有充分认知到"精神自由"的绝对性和真理性，所有由人创造而形成的"客体化"历史和现实，一直就是人受到奴役的"堕落世界"。

这是多么令人震撼的思想和实践指向啊！

至此，在《钢铁是怎样炼成的》中隐含的关于俄国革命和革命者的狂热等问题，别尔嘉耶夫给出了惊世骇俗的回答。

其一，革命的价值需要重估。别尔嘉耶夫对于俄国革命，从制度层面，他并不反对。但在革命中出现的对于个人自由，特别是对于个人"精神自由"的毁灭，他表现出了强烈的忧虑和抗拒。这样的革命，不仅仅是对一种旧制度的摧毁，不仅仅是对某种集体或社会目标价值的新建，更是对个人"精神自由"最基本历史存在的完全涤荡。结果，本应成为新制度基础的个人"精神自由"被压制，未来的社会就必定会再次奴役人。如果说，旧制度是奴役人的，创造出来的制度并不会由于它的"新"就发生根本的变化，那么这样的革命，至少不应当再次重复。

其二，革命的热情或狂热必须抑制也必定得到抑制。俄国革命者的热情或狂热，是基于对革命价值和集体利益的历史性误解产生的，更是对人的"精神自由"没有基本认知的盲目冲动形成的。在这样的热情或狂热之下，原本只应当是工具的革命成了价值追求本身，结果一次革命引致出又一次、再一次否定前者的革命，一次毁灭引领出又一次、再一次荡平前者的毁灭。哪个民族、国家和社会又承受得了如此的革命和毁灭？由于一次次革命和毁灭不过是在新的历史时段里，重复着人的被奴役状况，革命的热情或狂热也自然会被"革命和毁灭"本身所摧毁。这种格局，别尔嘉耶夫预知到了，俄罗斯的历史进程也展示出来了。

其三，俄罗斯未来的路，应当由人的"精神自由"主导俄罗斯民族的心灵。在此基础上，通过俄罗斯人的创造，引导俄罗斯社会前行——以个人"精神自由"的不懈追求和长久守望，去构建社会的理想存在，让个人回归自我的天性，回归自然的生活、爱情和生命，让集体从属于个人而和谐存在，社会历史与人类天性达到"和谐合一"的境地。这也就是别尔嘉耶夫在革命和毁灭之中、之后，对处在迷茫中的俄罗斯树立起来的"路标"。

从别尔嘉耶夫的这些回答里，我们看到了俄罗斯革命的另外一种价值。正是因为有这种革命，有保尔等革命者为了集体目标而牺牲个人生活、爱情甚至生命的生动经历，以及革命带来的悲壮的制度结果，启迪又证实了别尔嘉耶夫等思想家们对这种革命的深刻认识。革命虽然没有达到"最壮丽的事业"哪怕是初级的目标，却让思想家们从革命中，分辨出人类社会究竟应当如何去认知"最壮丽的事业"——用一个新的奴役人的制度来替代旧的奴役人的制度，这样的革命，无论如何也说不得是"最壮丽的"。在这个意义上说，革命者的鲜血没有白流，如同钉在十字架上耶稣那鲜活的肉体带给别尔嘉耶夫的神圣启迪，革命者也以其"为了革命"的牺牲带来了类似的启迪。

清楚地理解了别尔嘉耶夫的个人"精神自由"，他关于"人的使命就是创造"，而爱则是人在创造中极具生命意义的一种内容，便很好理解了。在此，我们不去深究创

造和爱的具体含义，从他的思想逻辑上讲，那一定是在个
人"精神自由"的前提下的创造和爱；而且，在创造出对
象和爱的对象有了之后，一定是"精神自由"的继续保
有，而不是被创造出来的对象或爱的对象所奴役。人创造
出制度，但人不应当是制度的附属品；人创造出金钱，但
人不应当是金钱的奴隶；人创造出宗教，但人不应当被宗
教所控制；人创造出婚姻，但人不应当成为婚姻的牺牲
品。你找到了一个真心的爱人，但仍然应当保有你的"精
神自由"，从而使你的爱总是具有主动性——这才是"真
爱"（对相爱的双方都是如此）。别尔嘉耶夫相信，人类社
会一定"存在着（尽管并非经常地）与生命的精神意义密
切相关的非同寻常的爱"，即我们所说的"真爱"。

虽然说，别尔嘉耶夫的哲学思想是关联俄罗斯现实生
活和未来走向的，不难看出，他的思想似乎有着很大的超
前性，那种基于人的"精神自由"而来的理想社会构建，
有点遥不可及的味道。正因为这一点，别尔嘉耶夫并没有
找到将他的"真理"付诸实现的具体路径，在可以预见的
时光里，我们都无法肯定这个理想社会一定会到来。

然而，这种终极的价值追求和思想关怀，我理解，并
不是说一定要去构建那个乌托邦，而是人类应当超越现
实、超越自我、超越有限，在精神的世界里，追求那种人
类的"大善"，从而演化出现实社会的相对和谐和美好。
终极虽不可达至，走在向终极前进的道路上，那也足够美
好了。

关于俄罗斯历史和思想逻辑的一点演论

很清楚,"我读俄罗斯",较为特别的地方,就是明确地从"我"这个个体人的理解出发,通过不同时段俄罗斯的几部作品,来看俄国革命直到今天的历史和思想发展过程。虽然视角是个人的,选择的读本也并非严格,但得到的历史和思想逻辑,我不认为是个人的,也不认为是片面的。因为这种逻辑源自俄罗斯的历史,也源自俄罗斯历史作品的内在关联性。换言之,这一百多年的俄罗斯历史,就是一个从**"个人到集体再到个人的否定之否定"**过程。不论是记录、总结还是思想类的文字作品,哪怕选择的样本很小,哪怕是采取编年史式的简单排列,如此的逻辑都会凸显出来,并容易上升到思想层面。可以说,俄罗斯这个时段里,历史和思想的逻辑,具有相当程度的统一性——历史是逻辑的,逻辑也是历史的。

那么,在这样统一的历史和思想逻辑里,最值得推崇的价值是什么?俄罗斯"老大哥"是否再次提示了一种信仰?

回到个体的人。这一点表明,在个人和集体的关系中,强调个人价值的第一位性或是自然神圣性。任何集体的价值应当也只能通过个人自然神圣价值的集合来体现,而不是个人价值消解在集体之中,即个体人完全地丧失自由、自主和自在的状况。否则,这个集体的价值会随同集体的必然毁灭而一同消失,第一价值地位也将强制地向个体人回归。俄罗斯这个时段的历史和思想逻辑告诉我们，当第一价值是强制性地向个体人回归时，也就是革命和一次次再否定的变革先后出现时，人是狂热或非理性的，历史代价是巨大的，社会生存是痛苦的，整个世界都是悲剧性的。

回到人的内心。个体人自然神圣价值的核心，是内心的自由或说"精神自由"。它将持续地去塑造个体人精神世界里最大的"善"，进而通过这些个体人的创造和爱，外化或是客体化成为相对和谐的世界。通俗一点讲，这是一个从个体人无限的"精神自由"走向有限的"幸福社会"的过程，即个体人一份份无限的"善"集合起来，将极大地改善现实的社会存在和生活。如果能够由此前行，人类社会就有足够的理由乐观起来。

2013 年 2 月 21 日　星期四　开始写作

2014 年 2 月 15 日　星期六　修改定稿

（原载《读书》2014 年第 9 期，发表时有删节）

湖南人与"湖南人"

- 所谓"湖南人",就是在湖南的土地上,历史地出现过的具有**"霸蛮性情＋行动主义＋理想主义＋先进理念"特征或简称"敢为人先"的那群人**。这个"湖南人"有两重含义:一重是"历史湖南人",他们生存和活动于远去了的社会时代,他们是王夫之、曾国藩、谭嗣同、毛泽东……一重是"逻辑湖南人",他们超越时空而存在,是共同具有"霸蛮性情"等要素组合起来的一种类别人。

- "湖南人"首先是唯一的,只产生于历史的湖南;但也有可能产生于异地他乡——历史不可以重来,逻辑却完全可能再现。也就是说,王夫之、曾国藩、谭嗣同、毛泽东是历史唯一的,没有人可以再成为他们之一者;但他们那"敢为人先"的行为方式和精神形态,是你、我、他都可能去成就的,也是你、我、他所在的地域都可能去催生和佐助的。

误判的湖南历史和未误读的"湖南人"

在太平洋彼岸，一位年轻的美国学者，有些意外地把眼光聚焦在中国内陆省份之一的湖南。他就是耶鲁大学中国史博士裴士锋（Stephen R. Platt）先生。他所著的《湖南人与现代中国》（中文版）一经面世，马上触发了众人对"湖南人"的热议。虽然说，"湖南人"早已是颇具动静的话题，但这次与以往大不相同。

这次不是中国湖南人的自言自语或自说自话，也不是中国其他省份人有褒有贬的感性描述或理性判言。作为一个货真价实的外国人，裴士锋完完全全说的是"局外话"——以绝对局外者的身份，从太平洋彼岸的视角，依西方人的思维方式，在中国社会由封建王朝转向现代文明的历史时段里，讲述了中国一个特殊地域上一群特殊人惊天动地的故事，得出了中国人特别是中国湖南人或许永远都不会得到的结论。

在他看来，"湖南人"是根本有别于中国他省之人的，从文化精神渊源到日常行为特征，"湖南人"独成一统；故在中国社会历史变革关头，"湖南人"所寻求并为之奋斗的理想，首先是湖南自己的"民族性"，是湖南自己的"独立性"；因而有"湖南民族主义"之说，甚至有"湖南共和国"之称。由此一来，这段历史中的湖南，似乎不再是中国的湖南；这段历史中的湖南人，也大体算不得是中国人了。

这样的结论，显然是说不通的。

湖南的地域环境也好，文化精神传承也罢，从久远的过往演化过来，湖南始终就在中国的大环境、大历史和大人文之中。试想一下，湖南何时又独立于华夏文明之外过？那称之为"湖湘精神"来源之一的王夫之理论，对往圣有继承、有批判，当然更有创新。他继承的是什么？批判的是什么？创新出来的，又是什么？毫无疑问，继承和批判的，都是同一个中华文化精神体系里的学说；而创新出来的，不过是在继承和批判基础上，衍生的新成果而已，文化精神的根脉是同宗共祖的。

至于政治视角的湖南，从来就在中华大版图的"天下"之内。如果不细究"中国"的古今多种含义，湖南从古到今始终就是中国的湖南，湖南人始终就是中国的湖南人。尽管在近现代历史上，湖南确实有过"自治"类的运动，却只是一国之内地方和中央政府的分权之斗，绝非是独立成国之争。湖南人争取"自治"之权，与其说是要闹个自我的独立，不如说是为了新的社会理想在全中国的实现进行的率先变革尝试罢了。站在太平洋的此岸，我不得不对裴先生说，在这一点上，你对湖南的这段历史，的确是误判了。

然而，当撤去这种误判时，我们发现，裴先生大量引经据典而得出的"湖南人"，概念显得更加清晰，形态显得更为饱满，个性则显得更为张扬。不论你是不是湖南人，当你读完此书，闭上眼睛，头脑里过一过书中述说过的人物时，我相信，你会有某种成形的"湖南人"整体形象感的。正因为如此，我大有几分惊讶。这位仅仅在当下的湖南长沙生活过两年，且汉语水平应当不足以轻松阅读中文古籍的美国年轻人，何以能够"创造"出如此鲜明的"湖南人"呢？

在系统理论学说里，有这样的至理名言：系统内研究系统，得出的结论必不完全客观；系统外研究系统，得出的结论必不完全真实。具体到此题便是，中国人或中国湖南人研究"湖南人"，难以得到客观性强的结论，恰如"不识庐山真面目"的庐山人；外国人研究"湖南人"，则难以得到真实性高的结论，毕竟他们不在太平洋的此岸生活，眼见不到日常，身触不及细处。我是笃信此"系统名言"的。简单判定便是，裴先生笔下的"湖南人"，应当是客观性更强些，真实性一定会有某种亏欠。

或许是主观有意为之，或许是研究过程被动驱使，裴先生极为努力地从"系统名言"的深坑里往外爬行。就在湖南生活的那些日子里，他有目的地接触了大量的湖南人，还身体力行地去追踪过历史上优秀湖南人遗留在山水之间的痕迹；他师从中国史名家，交往众多的中国史研究同行，从他们那里，得到过关于湖南人的大量具体认知，甚至珍贵的湖南本地资料；至于他引的"经"和据的"典"，内容相当丰富，有些方面甚至中国国内的学者都不一定仔细研读过。这些深度介入"湖南人"系统之内的做法，虽然不能破除"系统名言"的魔法，却确切无疑地提升了他的"湖南人"的真实性。如果说，这部著作是成功的，那么，天然的"强客观性"和并不十分过弱的真实性，便是成功的两座基石。

裴士锋对"湖南人"的述说，是编年史式的。在中国社会向现代文明转变的特殊时期，历史的河流，自然顺序地推送出了这样几代求新变革的湖南人。深具意味的是，如此的历史流变，裴士锋将其引入到了一条预设的逻辑通道之中，自觉或不自觉地运用了一次马克思"历史和逻辑统一"的方法，让他的"湖南人"有了清晰的逻辑归类。正是这种逻辑，湖南的"历史中人"不再只是一个个鲜活得可以触摸的存在体，而是具有了某种一般性的共同特点——"湖南人"可以作为一个同类的群体来看待了。裴士锋讲的史实，许多中国人都耳熟能详，但通过史实而讲出的内在定位，清晰者或许并不会很多。

"行动主义"是裴士锋"湖南人"的逻辑起点。按照奥地利学派的理论，人的行为总是有目的的。"湖南人"的行动，显然是为了那个时代的变革，并且要领导变革。那正是世界东西方交会、列强辈出、弱肉强食的时代，中国社会需要回答"向何处"的生死存亡大问题。由此一来，"湖南人"行动的目的，历史必然地牵涉到"民族"和"国家"大义，牵涉到政治、经济、文化、教育、军事和外交等宏大领域，牵涉到"维新图治"的改良还是"另起炉灶"的变革选择，牵涉到几万万生民的生存繁衍和生活。神圣而艰巨的历史使命，导引出湖南人"理想主义"

的脚步，它们一个一个地显现，最后聚合成了"湖南人"历史性理想的标识。

德国哲学家叔本华认为，世界的本质是意志的，人的行动终究要受到来自精神世界里某种意志力量的驱使。那么，主导"湖南人"行动的意志是从何而来的？裴士锋选择了历史性的回答而不是先验的主观裁定。他认定，"湖南人"的精神力量或思想渊源有着湖南地域内外的两大来处。从湖南本地，王夫之"道在器中"的实践学说和不屈的独立人格，被挖掘和树立了起来；从外部世界，则不仅有他乡异地的儒释道思想精华分享，更是介绍了源自欧洲和日本等国变革图强的先进理念，民主思想、制度理念、个人价值等西方流派思潮，无不在这内陆之地游荡。这样，湖南的"行动主义"，就不是凭自然本能而行动，仅仅留下某种可有可无的杂乱历史痕迹；而是，行动的意志是如此地坚定，行动的力量是如此地强大，行进的方向又是如此地清晰。一言以蔽之，在那个时代里，"湖南人"必然地行进在最前列。

可见，裴士锋的"湖南人"，就是"行动主义"和"理想主义"加"本土文化精髓"和"他国先进理念"的一群人。从郭嵩焘到刘人熙、杨昌济，从曾国藩到谭嗣同，再到毛泽东，不论他们是在教育领域进行文化宣导，还是治国理政维系天下平安，抑或变革图新，更有破坏旧世界和创造新世界的宏大理想付诸实施，皆可揽括在裴士锋的逻辑下，栩栩如生又轮廓分明的裴说"湖南人"出世了。

　　有意思的是，湖南"行动主义"的另一个走向，裴士锋也着墨不少。那些只是秉持封闭状态之下自我意志的湖南人，眼光的狭隘和性情的果敢，自然会产生强烈的排外意识和极端性的言行，与裴说"湖南人"形成尖锐的对立。他们经常口出狂言，大打出手，也还时常获得过某些优势。然而，历史的进程，涤荡了如此逆潮流而行的群体。那个以周汉为代表的此类湖南人，与其说他们形成过一些历史的气候，不如说，他们作为同一地域上湖南人的一部分，一直就只是主流"湖南人"的历史陪衬；甚至，恰恰由于他们的存在，更彰显出主流"湖南人"的伟岸和超前视野。

　　在这里，裴士锋布放了关于"湖南人"一明一暗的两条结论之线。明线是，历史告诉我们，湖南人的天性和地域内外先进思想理念的结合，必然导致时代变革的领袖人物产生，进而有可能集合起巨大的变革力量，引领社会走向新的未来。暗线则从逻辑上显露了一个更为深刻的主题，行动主义者一旦拥有了先进思想，就将凝结成新的不可毁灭的信仰、价值观或意识形态，构造出坚不可摧的精神力量，即使引领变革的过程困难、曲折，甚至挫折、失败，这种精神的力量也会长存，最终转化为翻天覆地的社会变革大势。在裴士锋的"湖南人"内在本质里，分量最重的，应当就是这种深植于性情中可称之为"湖湘精神"的东西。这种精神，承接历史却不属于过去，存在于世也不只属于当下，而是属于当下和未来久远的时空。

循着裴士锋的"湖南人"前行，我们很自然地回到了中国湖南本土。作为"系统之内"的我们，如何借鉴此等"强客观性"的评说，结合我们自己"强真实性"的天然优势，给予"湖南人"一个界说呢？

湖南人心目中的"湖南人"

我，就是出生在长沙，祖籍湘乡的湖南人。在向他人介绍出生地时，我从未想过，"我是湖南人"一说，究竟是个地理概念，还是个文化概念，抑或有地理和文化"混搭"的含义。裴士锋笔下的"湖南人"，真有如一味催产药，我在读此书途中时，就多次迫不及待地反躬自问，湖南人自己心目中的"湖南人"，又为何者？

在我的孩童时代，"湖南人"几近绝对地只是一个地理概念。随着年龄的增长，知识的增加，特别是经过了中国社会的巨大变迁，还极为有幸地多次行走异国他乡，广泛接触了中外各界人士，阅读了古今诸多的名作大著，我越发地觉得来自三湘四水之地的同乡们，的的确确与众有所不同。在这样的时光荏苒之中，我心目中的"湖南人"，不知不觉地从地理概念走向了文化范畴。尽管在当下，"我是湖南人"的介绍句式仍然与孩童时代一个模样，细想下来，难道其中没有屈原、王夫之、魏源、曾国藩、谭嗣同、黄兴、毛泽东的影子？就是说话的口气和内心难以抑制的情绪，难道还有孩童时的天然与平和，不是交杂了几分的狂气和自豪？

　　如果你是一位成年的湖南人，我敢大胆由己推人地肯定："我是湖南人"烙进你心中的，一定不只是洞庭湖之南这块土地的定位；一定有几千年来这块土地上思想先圣、英雄豪杰和平民百姓生存、生活而积累起来的经验、智慧、传统和信仰——是它们构造出了"湖南人"的文化概念，也是"湖南人"有别于他乡人的内核所在。当我们在一根直线的左右两个端点，分别标上"地理湖南人"和"文化湖南人"时，那么，生于斯、长于斯的同乡们心中认同的，必定是从左向右随着年龄的位移，越来越接近"文化湖南人"。相应地，地理位置上的概念，则越来越远去，甚至时常在内心被忽略。

　　久远时代的湖南，有蛮荒之地、穷乡僻壤之嫌。为生存和繁衍计，历代先人们与自然抗争，向封闭索讨，硬是赢得了大自然的眷顾。天足以予，地足以赋，又沟通了南北西东，"九州粮仓""鱼米之乡"等美言，早早便是湖湘的名片，天下皆知。与蛮荒的抗争，让先人们起步于辛苦劳作，行动主义自然是第一原则。辛苦劳作的累积，培植出湖南人特有的"霸蛮"个性，因非"霸"不足以制"蛮"是也。闭塞的环境，天生不是优势，却激发了先人们对外界、对远方、对完美世界的奇思异想，进而转化为浓得化不开的渴望。这就是理想主义生长的富饶土地。当这方土地与外界和远方有任何的碰触，且牵涉到了美好的社会时，如此的渴望，就会在瞬间升腾为超乎寻常的拥抱热情，凝聚成劈山跨水的力量，让湖南连通外界，直达远方。回望那山那水走过来的历代湖南人，实干、富于理想和不因循守旧的特点，正是出自那深厚的自然和社会历史基因，又有什么可以遮得住这等人性里耀眼夺目的光芒！

在整个人类社会的演化史上，理想主义者的走向是两分叉的。一分叉是，理想遭遇了历史和现实巨大的阻碍，理想主义者寻找不到实现理想的途径，结果走向"空想主义"或乌托邦境界，仅在精神世界里构造完美社会，厌恶现实，远离现实，逃避现实；甚至，完全放弃现实，否决现实，到彼岸的世界里，乞求神灵的护佑，达至一种绝望中的特殊宗教性精神存在，这实质上就是世界末日性的精神自慰。另一分叉是，理想主义者并不"理想化"实现理想的过程，他们面对现实难题，秉持务实心态，从脚下一步一步开启那追求"至善"的行程，一个一个地解决所遇问题；在他们心底，"止于至善"中的那个终极目标，是用来向往的，不是用来达到的——现实世界能够实现的"至善"，只是"百尺竿头"相对性、阶段性的终结处，是"再进一步"的起点，一经达到，新的追求时空又将到来。

理想主义者的这种分叉，大体可用来辨识中西方文化的差别所在。前者更多地属于西方世界，那里繁荣的宗教历史和丰富的精神文化作品就是一种证明；后者无疑是"中国式"的，即便是认同感颇为普遍的佛教，在"中国化"之后便入世成了"现世报"，所谓的前生和来世之说，在绝大多数国人眼里，仅仅是用于当下目的的工具。想想看，马克思

250

和恩格斯理想中构建的那欧洲"共产主义的幽灵"，一直在西方世界里游荡，却在遥远的东方国度落地、萌芽、成长，岂不是最好的理想主义者分布的历史性说明？

湖南人显然是后一种理想主义者，而且特征格外地鲜明。他们心中怀揣理想，人却走回现实生活，去建造通向理想天空却离理想天空很是遥远的地上"通天塔"；他们绝不只徘徊在精神的世界里，幻想式地构造彼岸的"桃花源"。这种理想主义者，古往今来的其他地域之国人，亦是大有人在的——求真与务实的理想主义，并非独为湖南人所持守的秉性。理想主义的湖南人，所谓的"特征鲜明"，鲜明的是什么呢？

放眼望去，纵横思维，湖南人"霸"了"蛮"而来的精神凝结，竟是那"人定胜天"的狂豪理念，如同逆上北去的湘江水，融入到了湖南人的血液中。在人与天或人与神的关系上，湖南人看来，世界上要么无神，人就是王者；要么人在神之上，人主神辅；甚至，人就是神本身，人助便为神助。难怪，湖南人更不惧怕实现理想过程中的艰难险阻，正是那特殊的自然环境和社会历史演进，让湖南人的那个"霸"字，有了及天若神的境界，位势高、格局大、力量强、持续久，足以坚实地踩踏在大地之上，冲破一切旧的藩篱，上演一幕幕惊天动地的人间活剧。

让我们展读些许湖南先人的言说，体味那字里行间湖南人天地无畏的狂豪精神吧。

王夫之说："可竭者天也，竭之者人也。人有可竭之成能，故天之所死，犹将生之；天之所愚，犹将哲之；天之所无，犹将有之；天之所乱，犹将治之。"哲学家们在此言中，追究的是主体客体地位和"体""用"交互关系，判定王夫之思想的哲学归类和历史学术价值，我则看重其中"人胜于天"的至高至极属性，看重人"起死回生、化愚为哲、无中生有和拨乱为治"的气魄和力量，更看重弥漫言辞之上无所不敢为的精神、气度和激情，这正是"文化湖南人"的源头。

曾国藩说："志之所向，金石为开，谁能御之？"此其"志"，大可与叔本华所言"意志"相提并论，那是源自人性里最本原的力量，可开金石，无力可御。大哲学家叔本华对"意志"畏惧至深，忧虑"意志"的破坏性，他在悲情的人生中曾向世人大喝要"否定意志"。曾氏同乡前辈则是无惧一二，不只持"志"而奋斗，更在砥砺意志前行。再闻一份前辈其言，那是何等地强梁——"坚其志，苦其心，劳其力，事无大小，必有所成。"

谭嗣同在他生命最后的一刻，留给世人"我自横刀向天笑"的气概，早在他年轻时代就已经播下了种子。当他年少登顶衡山，高声吟诵那"身高殊不觉，四顾乃无峰"和"半勺洞庭水，秋寒欲起龙"的诗句时，岂止是惊叹人在高处的视野辽阔，难道不是改天换地的志向宣言？天哪，这人，这湖南人，究竟是在你的里面，还是在你的上面？

黄兴只有短暂的一生，却坚信"天下无难事，唯坚忍二字，为成功之要诀"。这位辛亥革命的领袖，一生"足踏在地上，为着现代中国人的生存而流血奋斗"（鲁迅语）的经历，不正是对其信念的最好诠释吗？是的，人力本为齐天者，只要精神强大，山高水急、风雪雷电又算得了什么呢？

看看毛泽东吧。是他，耸立起了"湖湘精神"的一座高峰。"问苍茫大地，谁主沉浮？"诗人问的是天下苍生，寻找答案则回向自己。就在那"离天三尺三"险峰峻岭处，他不是望天兴叹，更不是臣服弃甲，反是"快马加鞭未下鞍"，还得来个"刺破青天锷未残"。在毛泽东看来，只要是谈天论地，人就是来随"我"心，去就"我"意，不只不受束缚，更得主导世事，或上九天揽月，或下五洋捉鳖。无须多言，此等豪气一经落地夯实，行动起来，还不得是天翻地覆的时代大变？

狂豪之余，说起毛泽东这座"湖湘精神"的高峰，我们无法不平添一份奇特的元素。就在他那"桃花源里可耕田"的问句里，这位革命领袖赋予了理想和现实以浪漫主义的色彩，让重墨于"霸蛮"加理想主义的精神境界，有了几分轻快和情趣。毛泽东因为气魄宏大而时常模糊了人神分界，却在平常又不平常的浪漫色调中，回归了人的生活，回到了湖南人的中间。所言的"湖湘精神"高峰，自然少不得这抹浪漫。

当体味到"人定胜天"的理念凝聚成了"湖湘精神"的内核，湖南人鲜明的特征，陡然凸显出来，**这就是"敢为人先"的内在意志和行为方式**。人所共知，自然环境和人类社会的演进，一直在拥戴超然于人之上的"天""上帝""神"或"圣者"，它们的终极性、万能性和神秘性，规定了活生生的人总是处于低位，心存敬畏，仰视上苍，俯首称服。湖南人则顶头向上，不甘下沉而硬要去"胜天"，敢思他人之不敢思，敢行他人之不敢行，自是人之中的另类了。如果说，为数颇多的中国其他区域中人，都有向往理想世界来改造现实社会的共同求变之道，那么，湖南人则是更容易接受激烈或剧烈，甚至激进或破坏性的改天换地思想，更敢于先行一步，更乐于冒险探求，更无惧流血牺牲。

"湖南人"和"湖湘精神"的绽放时空

思想溪流的汇合，就是奔涌气势磅礴的江河。当裴士锋的"湖南人"，加上湖南人自己的理解时，一个特殊区域中更加完整的特殊群体概念，互补性地生成。所谓"湖南人"，就是在那称之为湖南的土地上，历史地出现过的**具有"霸蛮性情＋行动主义＋理想主义＋先进理念"特征的那群人**。这个带引号的"湖南人"有两重含义：一重是"历史湖南人"，他们生存和活动于远去的社会变革时代，他们是王夫之、曾国藩、毛泽东，等等；一重是"逻辑湖南人"，他们超越时空而存在，是共同具有"霸蛮性情"等要素组合起来的一种类别人。

与裴士锋的概念相比，我添加了"霸蛮性情"的要

254

素，恰好是湖南人自我最清楚也最认同的一种秉性。实际上，裴士锋在他的著作里，这种性情也是随处可见，只是未能将其摆放在最重要的位置，他的"湖南人"因此失去了几分浓重的霸气，也使得湖南人的鲜明性弱了不少。

由"霸蛮性情"来看"行动主义"。裴士锋的"行动主义"是一般性的，行在言先或言行并重，是其内核。在"霸蛮性情"之下湖南人的"行动主义"，则是行动主义者之中独特的一支。这样的行动主义者，不只是行动重于言说，更在于意志刚烈，行为果敢，不达目的绝不罢休，达到目的绝不言休。尤其是对于那些未有把握或相当时期内根本就达不到的目的，行动者也要"霸蛮"地作为，哪怕只得出"此道不通"的结果。在绝大多数"霸蛮"的湖南人心目中，只要"霸了蛮"，目的就能够实现；如果没有实现，则是因为"霸蛮"不够。基于这样的性情，湖南人常常能够达到一般行动主义者难以达到的目的。

按照预设的框架，裴士锋对湖南人"理想主义"的述说，集中到了"创造伟大湖南"或"湖南民族"兴盛的理想目标之上，导致了他对于湖南历史的误判，尤其在毛泽东从"湖南自治运动"到"改变全中国"的转向处，留下了断崖式的疑问——为一省而奋斗之人，难道可以凭空地在瞬间就完成为一国而奋斗的嬗变？我们对湖南人"理想主义"内容的理解是全然不同的，那个萦绕在湖南人脑海中的"天下"，不可能是三湘四水的地理区域。不过，这并不影响我们和裴士锋对于湖南人是"理想主义者"的共有结论。在这里，重要的是"理想主义"，而非理想的具体内容。

至于"先进理念"，裴士锋梳理出来的湖南人的文化精神渊源，不论是本地王夫之的学说，还是远自他乡异国的变革思想，富有足够大的说服力。我们唯一需要做的，是重申这样的观点："霸蛮性情"下的行动主义，如果没有先进的理念武装，那将是封闭、落后和顽固不化的"盲动主义"甚至"野蛮主义"。或者说，"先进理念"元素，是在社会巨大变革时代里肩负历史使命的"湖南人"，根本不可或缺的。

如果追问，"湖南人"可否有一语概述？那必定是**"敢为人先"**莫属。这是一种特殊的内在意志，又是一种特殊的行为方式，还是一种特殊的认识法则。"敢"里有"霸蛮性情"，有"行为主义"神奇的驱动力；"为人先"则不仅是行为的特点，还包含行为的指向，包含弃旧布新的理想，包含"舍我其谁"的领头气概；"敢为人先"当然不只局限于行动，还有对自然、社会和人自我认识上的无惧无畏而"先人一步"——王夫之是如此，曾国藩是如此，谭嗣同还是如此，毛泽东不也是如此？想想看，那些本地的文化精髓和外来的先进理念，哪种又不具有超前性而对现实形成反叛，从而总是受所处时代的掣肘，需要"敢为人先"者去发掘、继承和光大，进而转化成行为的动力和指南？

说到这里，我们毫不犹豫地断言，"湖南人"就是那

"敢为人先"的特殊群体,"湖湘精神"就是那"敢为人先"的特殊精神。当得到这样的判定后,我又浏览了一遍裴士锋的读本,陡然发觉,他的字里行间不再有历史的风云,不再有时代的差异,不再有个性的区别,有的只是那种独立出来的共有行为方式和精神形态:敢,为人先;敢为人先。我清楚,这是他关于"湖南人"布放下的暗线的逻辑显在化。当我们综合内外的思考进入到一定境地时,灿烂的阳光就会将"湖南人"和"湖湘精神"那简约的质地照得透亮。

裴士锋的文字在中国历史变革的全新时代到来时,戛然而止。然而,他带给我们的,远远不只是那个时代"湖南人"的再回顾、再梳理和逻辑化,不只是"历史湖南人"和"逻辑湖南人"的独特认知方式,更是关于"湖南人"和"湖湘精神"费人思量的大量问题。作为当今的湖南人,我选择了两个问题列示在此,试图超越"系统名言"的天堑,努力给予客观性和真实性合一的回答,更是期待四面八方的黄钟大吕之声。

问题之一:从空间上看,"敢为人先"的"湖南人"和"湖湘精神",只可能产生于湖南,还是也可能产生于异地他乡?从时间上看,只可能产生于历史的湖南,还是也可能产生于现在的湖南,抑或未来的湖南?

历史的事实是,"敢为人先"的"湖南人"和"湖湘精神"产生在湖湘之境。然而,我们和裴士锋交合的看法表明,在这独有的历史进程中,湖南的山水和社会环境,催生了"霸蛮性情、行动主义、理想主义和先进理念"诸要素，更是佐助了地域上众多的生民将这些要素结合得到位完整，以至于大面积和大流域地叠加成了人们"敢为人先"的行为方式和精神形态，逻辑意义上的"湖南人"和"湖湘精神"出现。当世人谈论"湖南人"和"湖湘精神"时，不只是谈论属于历史的人物和个性，还有属于逻辑的"敢为人先"的行为方式和精神形态。

从这种逻辑来看，只要具备了"霸蛮性情、行动主义、理想主义和先进理念"要素的任何人，在任何地方都有可能形成"敢为人先"的行为方式和精神形态。因此，我们所称的"湖南人"和"湖湘精神"，在湖湘之外的地方，也是可能产生的。事实上，历史上异地他乡的敢为人先者，并不少见。原因很简单，构造这种行为方式和精神形态的要素，绝非湖南所独有。只不过，它们通常以零散的状态分布，仅有为数不多者集于一身，只生就了"敢为人先"的单稀人数和故事，无法从那些地域里梳理出共有的形态来，建构不成地域性的特种"人"和"精神"。

我们的结论就是，"湖南人"和"湖湘精神"是唯一的，只产生于湖南；但也有可能产生于异地他乡——历史不可以重来，逻辑却完全可能再现。通俗地讲，王夫之、曾国藩、毛泽东是历史唯一的，没有人可以再成为他们之一者；但他们那"敢为人先"的行为方式和精神形态，是你、我、他都可能去成就的，也是你、我、他所在的地域都可能去催生和佐助的。如果说，"敢为人先"的"湖南人"和"湖湘精神"值得崇尚和发扬光大的话,那么,看重历史上创造了"湖湘精神"的湖南人是重要的,也是必要的;而看重逻辑上的"湖南人"和"湖湘精神",即看重"敢为人先"的行为方式和精神形态,更为重要,也更为必要。

回到湖南本土来说,以时间为坐标,在历史和逻辑统一的"湖南人"和"湖湘精神"里,属于历史的那些"人"和"精神",当然只能产生并存在于过去的湖南;属于逻辑的,则可能产生并存在于现在,以及未来的湖南。与空间上的理解一样,在时间的流域里,逻辑上看重"湖南人"和"湖湘精神"更为重要和必要,因为我们生存和生活在当下,并且在走向未来,我们仍然需要"敢为人先"的行为方式和精神形态。

问题之二:作为现在的湖南人,当如何通过"湖南人"来认识当下的自我,又当如何挖掘、继承和光大"湖湘精神"?

观察告诉我们,当牵涉湖湘之人之事时,现在的湖南人很容易走入两个误区。一是将自己简单地与"湖南人"画等号,似乎天然地承接了伟大前辈"敢为人先"的行为方式和精神形态,自命不凡,骄横傲物,目中无人——"形"有"霸蛮"之态,"行"却无担当之实,与"湖南人"大相径庭。另一是将自己绝对地与"湖南人"画隔断,认定过往的一切都已经远去,不只是刀光剑影的时光,不只是叱咤风云的人物,还有那段时光里人物的意志或精神——当下是和平发展年代，和谐是时代的主题，那"霸蛮性情"下冒尖之为并不契合眼前情势，反倒是四平八稳、萧规曹随，甚至浑浑噩噩，睁一只眼闭一只眼，大可生存得宽松顺达。"敢为人先"地去行为和思考？博物馆里看看历史中的英雄豪杰都未见得有兴趣，哪里又可能以其为榜样来改造和重塑自己的生活？

虽然说，两个误区的表现大为不同，本质却是一样的：不想或不愿意成为真正的"湖南人"。我不敢妄言，这就是新的历史时期里，湖南人大不若历史上"湖南人"出众的原因。但我可以肯定，这两个误区的真实存在，必定深刻地影响现在湖南人的行为方式和精神状态。看看这些年来湖南同乡写自己的一些文本，大多停留在久远的过去，津津乐道于那时的先圣雄才来满足当下的虚荣；或是割裂完整的历史流程，仅以某些个案来替代群体和史实，甚至替代共同的属性。如此这般，少有树立"湖南人"为样本的励志大作，更无参照"湖南人"来批判自我的宏论，仅凭借洞庭湖之南这块同生共长的地域，"啃老式"挥霍着历史的资源，或是干脆忘却历史的过去，不知如何去接续历史的传承，自然地，也就忘却了我们所处时代赋予的重任。

任何社会和任何时代都需要有"敢为人先"的行为方式和精神形态，这是人类社会进步的重要前提。因此，"湖南人"和"湖湘精神"源自历史却不只属于历史，产生于湖南却不只属于湖南。显而易见，当下出生、长大、生活和劳作在湖湘之境的湖南人，并不必然就是"湖南人"，也不必然就胸怀"湖湘精神"；但地域的同一，性情的相近，特别是本地历史文化传统和精神氤氲的天然熏陶，相比于异地他乡者，具有成为敢为人先的"湖南人"的特殊优势；自然而然，又必定负有挖掘、继承和光大"湖湘精神"不可推卸的特殊使命。现在的问题是，我们当如何思考？我们又当如何行动？

盘点一下"敢为人先"行为方式和精神形态的诸要素吧。先看一看，我们还留存有几分的"霸蛮性情"？再想一想，我们还有多少"天下兴亡，匹夫有责"的"家国"理想和情怀？又问一问，我们是否还在孜孜不倦地汲取本土先圣的意志和精神力量，以及普天下人类社会进步的思想？还有，我们的行动呢？只是在那市场社会里，作为交易的动物，本能地去牟取最大的利润，还是作为那"先天下之忧而忧，后天下之乐而乐"使命的继任者，仍在不计付出地贡献对人类的关怀？

以问复问，岂不是已明了何去何从？！

2016 年 2 月 17 日　星期五　修改完稿

（原载《书屋》2016 年第 4 期，发表时文章题目修改为《湖南人与"湖湘精神"》）